CP
6-7 ANS

Chouette

Maths

Muriel Iribarne
Juliette Domingie
Enseignantes

écris
ton prénom

Hatier

Présentation

Ce cahier aidera votre enfant à consolider ses acquis et à s'évaluer en **maths** durant son année de **CP**. En effet, il ne suffit pas d'apprendre ses leçons : il faut aussi pratiquer et s'entraîner.

- Chaque chapitre comporte quatre pages : une sur les **NOMBRES**, une de **CALCUL**, une de **GÉOMÉTRIE/MESURE** et une de **PROBLÈMES**.
- Sur chaque page, une à trois notions sont traitées et expliquées.
- Les exercices reprennent de façon systématique toutes les notions abordées en classe.
- Ils assurent ainsi, par une mise en application répétée de la règle, une parfaite acquisition des connaissances et des savoir-faire attendus.

TEST

■ Avant de commencer les exercices du cahier, votre enfant peut faire le **test de maths** pages 4 et 5 pour évaluer son niveau. En fonction de ses résultats (page 6), et en consultant ensuite le sommaire de la page 3, vous pourrez facilement repérer les notions à réviser en priorité. Cependant, il lui est également possible de travailler sur les chapitres dans l'ordre où ils sont proposés.

CONSEILS PARENTS
Faites dénombrer à votre enfant des objets réels avant de travailler sur ce cahier.

■ La **règle** est rappelée et accompagnée d'**exemples** dans la rubrique **JE SAIS DÉJÀ** (connaissances déjà acquises par votre enfant) ou **JE COMPRENDS** (nouvelle notion). Très souvent, un **CONSEIL PARENTS** vous donnera une information pour vous aider à accompagner votre enfant dans ses révisions : cela peut être un conseil pratique, ou des exemples à prendre dans la vie quotidienne…

Rappelle-toi que le signe > est ouvert du côté du plus grand nombre ! Par exemple, 7 > 3.

■ Les **exercices** proposent un système de graduation avec une, deux ou trois étoiles indiquant leur **niveau de difficulté**. Ils reprennent méthodiquement la ou les notions abordées dans la page de manière à optimiser l'assimilation des connaissances. Une petite **ASTUCE**, sur fond bleu, donne régulièrement à votre enfant un coup de pouce pour l'aider à résoudre un exercice.

■ Au centre du cahier, les **corrigés détachables** permettent la vérification des acquis et l'évaluation des résultats par votre enfant seul ou aidé d'un adulte. En effet, votre enfant pourra ensuite cocher à côté de chaque exercice la case verte s'il l'a très bien réussi, la case orange s'il l'a moyennement réussi ou la case rouge si ses erreurs sont nombreuses. Il peut ensuite reporter ce résultat au bas de chaque page et dans le **tableau de bord** du cahier p. 3. Cela vous permettra de distinguer rapidement les notions bien acquises de celles qu'il est encore nécessaire d'approfondir, ce que votre enfant pourra faire grâce aux exercices supplémentaires et gratuits proposés sur le site www.hatier-entrainement.com.

....

■ Sur la dernière page de ce cahier, votre enfant trouvera un **Mémo** avec la table d'addition de 0 à 9, qu'il doit impérativement connaître.

© Hatier, 8 rue d'Assas, 75006 Paris • 2014 • ISBN : 978-2-218-97022-1
Conception graphique : Frédéric Jély • Édition : Imaginemos • Mise en page : STDI
• Illustrations : Karen Laborie • Chouettes : Adrien Siroy.

IMPRIM'VERT

PAPIER À BASE DE FIBRES CERTIFIÉES

Hatier s'engage pour l'environnement en réduisant l'empreinte carbone de ses livres. Celle de cet exemplaire est de : 250 g éq. CO_2
Rendez-vous sur www.hatier-durable.fr

Achevé d'imprimer par Pollina à Luçon - L11040 - France
Dépôt légal 97022-1/01 - Novembre 2013.

Ton tableau de bord

Reporte la date à laquelle tu as fini chaque page d'exercices et coche la case □□□ qui correspond à ton résultat.

« Chouette bilan » : rendez-vous sur le site www.hatier-entrainement.com pour faire le bilan de tes connaissances en Maths CP !

TEST

Avant de commencer les activités de ton cahier, réponds à ces questions. Puis consulte le tableau page 6 pour découvrir les résultats de ton test de Maths !

1 Relie chaque image au nombre qui lui correspond.

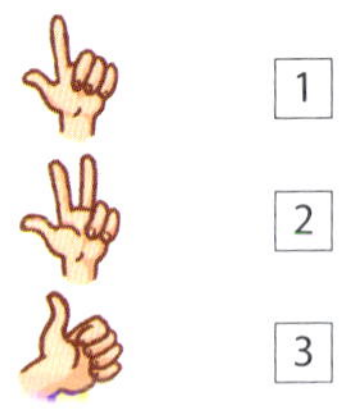

2 Colorie en bleu tous les triangles.

3 Écris le nombre de points de chaque face de dé.

a) .... b) .... c) ....

4 Colorie en vert tous les rectangles.

5 Écris le nombre de points de chaque face de dé.

a) .... b) .... c) ....

6 Reproduis le triangle.

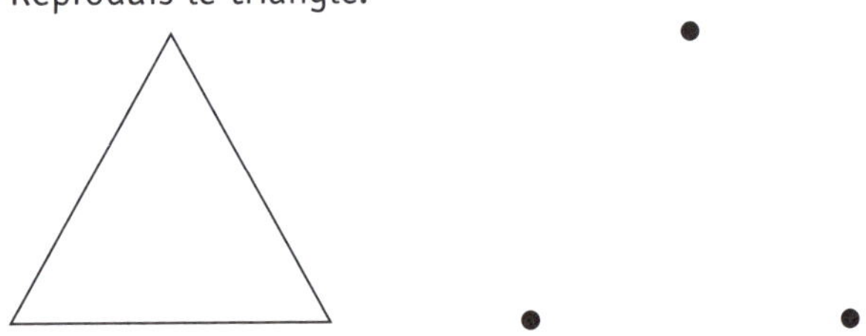

7 Écris le nombre de perles sur le dessin.

....

8 Reproduis le modèle.

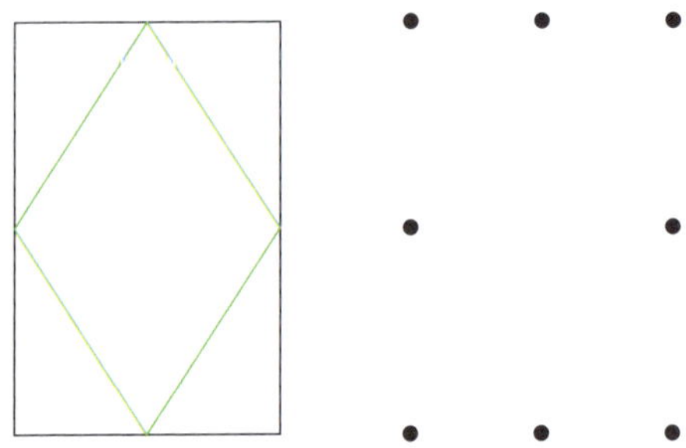

9 Écris le nombre de perles sur le dessin.

....

10 Observe et continue.

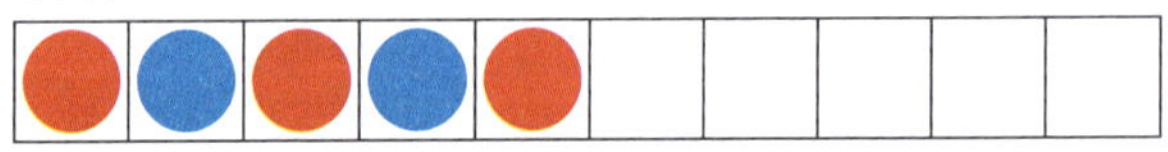

11 Écris le nombre d'étoiles sur le dessin.

....

12 Observe et continue.

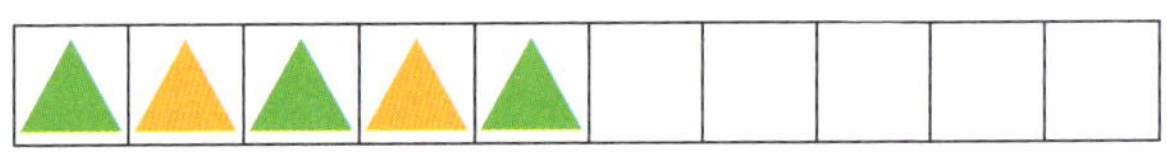

13 Écris le nombre de perles sur le dessin.

....

14 Continue de reproduire le coloriage dans la deuxième grille.

15 Écris le nombre de points de chaque carte.

a) ....   b) ....   c) ....

16 Trace le trajet qui conduit Luc vers son ami Thomas.

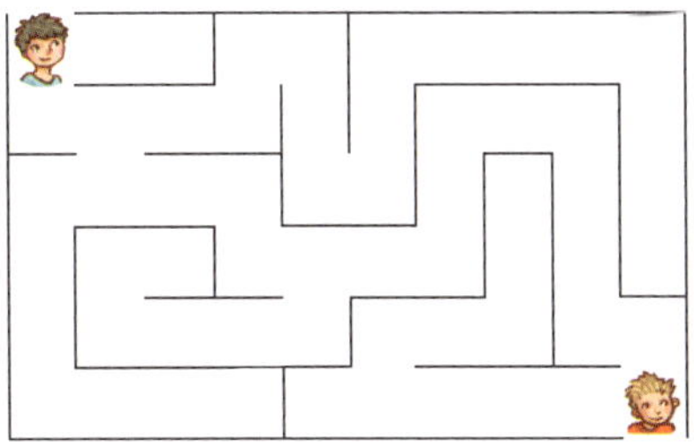

17 Colorie 4 carreaux en jaune.

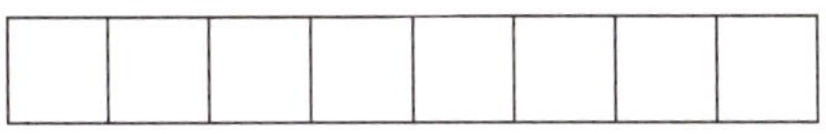

Colorie 5 carreaux en bleu.

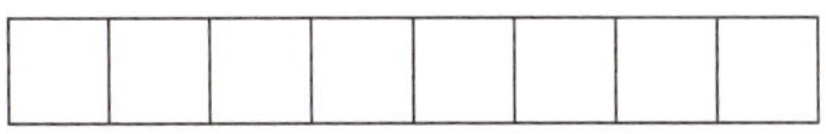

Colorie 7 carreaux en vert.

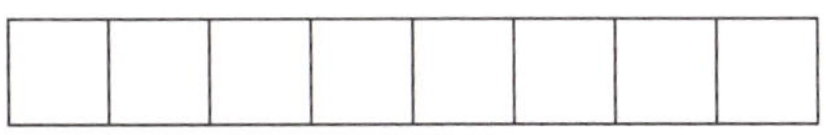

18 Trace le trajet qui permet aux chatons de sortir de leur cachette.

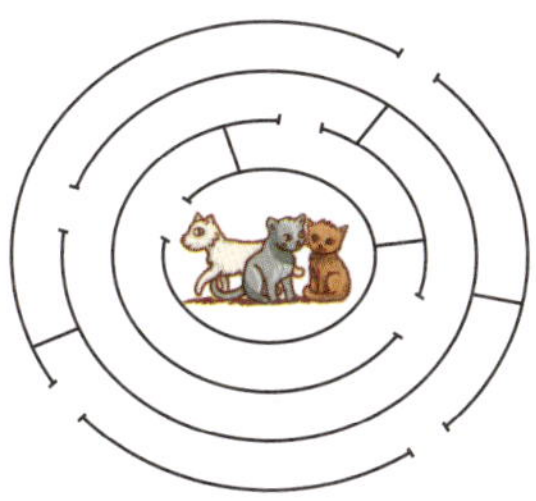

19 Observe la suite des nombres et complète-la.

1	2	3		5		7		9	10	

20 Complète par le mot qui convient : droite ou gauche.
La fille lève sa main ....
Le petit garçon lève sa jambe ....

21 Écris le nombre de points de la carte.

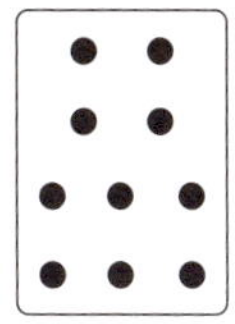

....

22 Colorie en jaune tous les ronds.

23 Relie entre elles les cartes qui ont le même nombre de dessins.

24 Compte les perles de Leïla et de Marie.

Mets une croix sous le sac de l'enfant qui a le plus de perles.

25 Compte les billes de Luc, Pierre et Paul.

Écris le prénom de l'enfant qui a le plus de billes :
a) ....

Écris le prénom de l'enfant qui a le moins de billes :
b) ....

Résultats du test p. 6 →

Résultats du TEST

Si ta réponse est bonne, coche la case située à côté.

NOMBRES

1
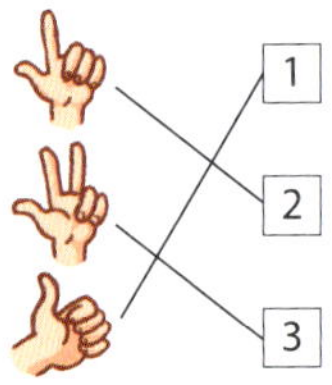
❑

3 a) 3 ; b) 2 ; c) 1 ❑

5 a) 5 ; b) 4 ; c) 6 ❑

7 Réponse : 8. ❑

9 Réponse : 9. ❑

11 Réponse : 6. ❑

13 Réponse : 11. ❑

15 a) 6 ; b) 6 ; c) 5 ❑

17 Les carreaux colorés peuvent se trouver n'importe où, par exemple :

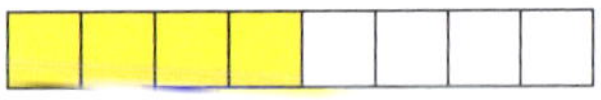

ou bien

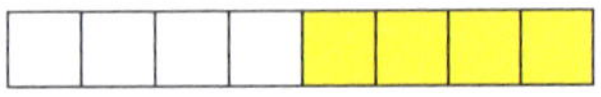

ou bien

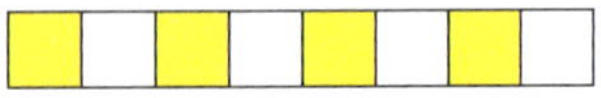

Même remarque pour les carreaux bleus :

Même remarque pour les carreaux verts :

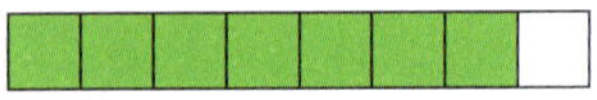

❑

19

1	2	3	4	5	6	7	8	9	10

❑

21 Réponse : 10. ❑

23
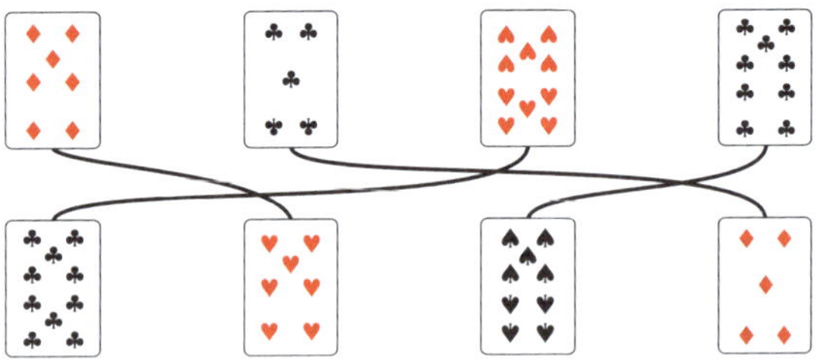
❑

24 C'est Leïla qui a le plus de perles. ❑

25 a) L'enfant qui a le plus de billes : Paul.
b) L'enfant qui a le moins de billes : Pierre. ❑

GÉOMÉTRIE

2

❑

4

❑

6 Voir le modèle. ❑

8 Voir le modèle. ❑

10
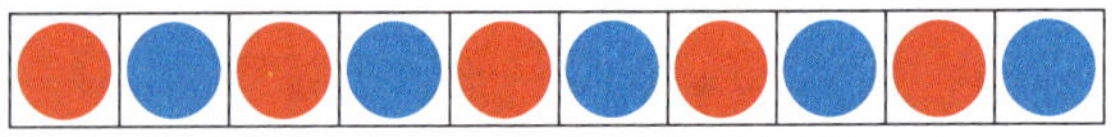
❑

12
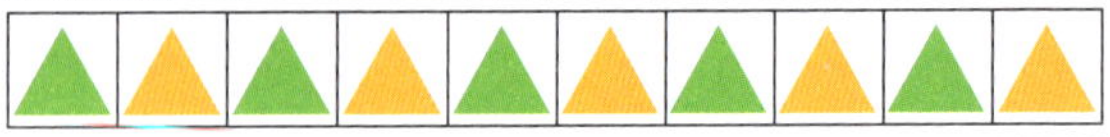
❑

14 Voir le modèle. ❑

16
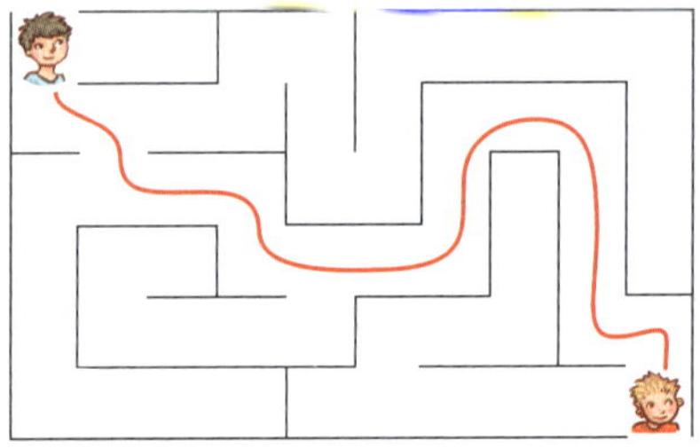
❑

18
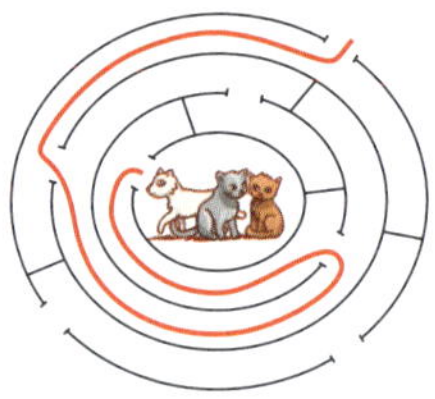
❑

20 La fille lève sa main droite.
Le garçon lève sa jambe gauche. ❑

22

❑

NOMBRES

Si tu as entre 10 et 14 bonnes réponses : Bravo ! Tu connais déjà très bien les nombres. Et tu vas apprendre encore plus avec ce cahier.

Si tu as entre 5 et 9 bonnes réponses : C'est bien ! Les exercices de ce cahier vont aussi te permettre de réviser des notions que tu avais peut-être oubliées.

Si tu as entre 1 et 4 bonnes réponses : Lis attentivement les leçons des pages **NOMBRES** avant de faire les exercices qui suivent.

GÉOMÉTRIE

Si tu as entre 9 et 11 bonnes réponses : Bravo ! Tu es un as en géométrie. Et tu vas apprendre encore plus avec ce cahier.

Si tu as entre 4 et 8 bonnes réponses : C'est bien ! Les exercices de ce cahier vont aussi te permettre de réviser des notions que tu avais peut-être oubliées.

Si tu as entre 1 et 3 bonnes réponses : Lis attentivement les leçons des pages **GÉOMÉTRIE** avant de faire les exercices qui suivent.

Sur le site **www.hatier-entrainement.com**, tu trouveras d'autres exercices pour t'entraîner.

Bonjour !

Faire des maths, c'est vraiment « chouette » !
C'est connaître les nombres, savoir effectuer des calculs, découvrir la géométrie et les mesures, et aussi résoudre des problèmes grâce à tout ce que tu as appris.
Pour t'entraîner, tu auras besoin d'un crayon à papier, de crayons de couleur, d'une gomme, d'une règle graduée et d'une calculatrice.
Ce cahier va te permettre de progresser rapidement !

■ Chaque chapitre de ce cahier te propose 4 pages pour travailler sur les 4 **matières** de maths.

■ Lis attentivement la **leçon** de l'encadré jaune avant de commencer les exercices de la page.

Pour t'aider, repère la main droite et la main gauche du petit garçon.

→ Les **exercices** te proposent 3 niveaux de difficulté : ★ facile, ★★ moyen, ★★★ plus difficile. Parfois, la chouette te donne une petite astuce ou un conseil pour t'aider à les faire.

→ Après avoir regardé le livret des **corrigés**, tu pourras cocher l'une des trois cases situées sous les exercices : la case verte si tu as tout bon, la case orange s'il y a 3 ou 4 erreurs et la case rouge s'il y en a davantage. Tu peux ensuite reporter tes résultats sur le **tableau de bord** de la p. 3.

....

→ Sur la dernière page de ce cahier, tu trouveras un **mémo** avec la **table d'addition de 0 à 9**, que tu dois impérativement connaître en CP. Tu peux la regarder pour faire les exercices autant de fois que nécessaire.

NOMBRES

1 Les nombres 1, 2, 3

1 Relie chaque image au nombre qui lui correspond.

1

2

3

2 Observe et continue d'écrire les nombres : un, deux, trois.

1	1
2	2
3	3

3 Écris le nombre de doigts tendus.

....

....

....

4 Dessine.

3 fleurs

1 poisson

2 chats

3 pommes

CONSEILS PARENTS

Faites dénombrer à votre enfant des objets réels avant de travailler sur ce cahier.

Quand tu as fini de dessiner, vérifie que tu as le nombre demandé.

Corrigés p. 2

....

Plus d'exercices et de conseils sur www.hatier-entrainement.co

NOMBRES

1 Les nombres 1, 2, 3, 4, 5

1 **Relie chaque image au nombre qui lui correspond.**

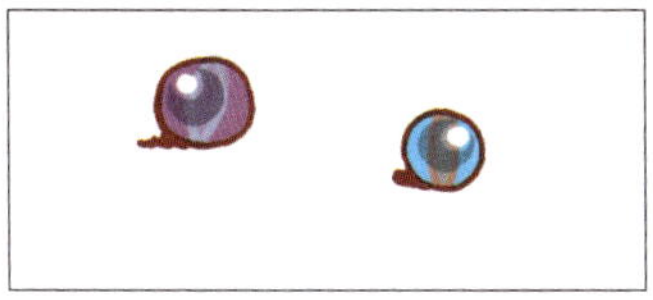

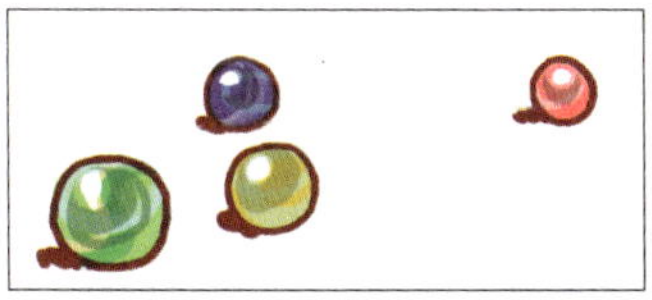

1
2
3
4
5

2 **Observe et continue d'écrire les nombres : quatre, cinq.**

4 4
5 5

3 **Écris le nombre de doigts tendus.**

....

....

....

....

....

4 **Dessine.**

4 pommes	2 sucettes
5 billes	3 bonbons

CONSEILS PARENTS
Entraînez votre enfant à représenter un nombre avec les doigts de plusieurs façons.

Quand tu as fini de dessiner, vérifie que tu as le nombre demandé.

Corrigés p. 2

....

1 Comprendre le vocabulaire de l'espace (1)

JE SAIS DÉJÀ

Antoine tient le ballon rouge dans sa main droite,
le ballon bleu dans sa main gauche.

CONSEILS PARENTS

*Faites jouer votre enfant à « Jacques a dit ».
Par exemple :
« Jacques a dit de lever la main droite », « Jacques a dit de lever le pied gauche », « Jacques a dit de se mettre à ma gauche »...*

★ 1 Colorie selon les indications données.

- Colorie en rouge l'animal qui se trouve devant le petit garçon.
- Colorie en bleu l'animal qui se trouve à gauche du petit garçon.
- Colorie en vert l'animal qui est sur le banc.

Pour t'aider, repère la main droite et la main gauche du petit garçon.

□ □ □

★ 2 Colorie selon les indications données.

- Colorie en bleu l'oiseau à l'intérieur de la cage.
- Colorie en rouge l'oiseau à l'extérieur de la cage.

□ □ □

★★ 3 Continue à reproduire le dessin.

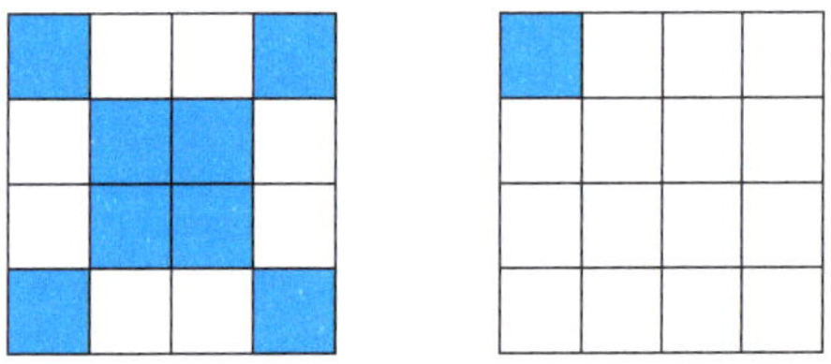

□ □ □

★★ 4 Continue à reproduire le dessin.

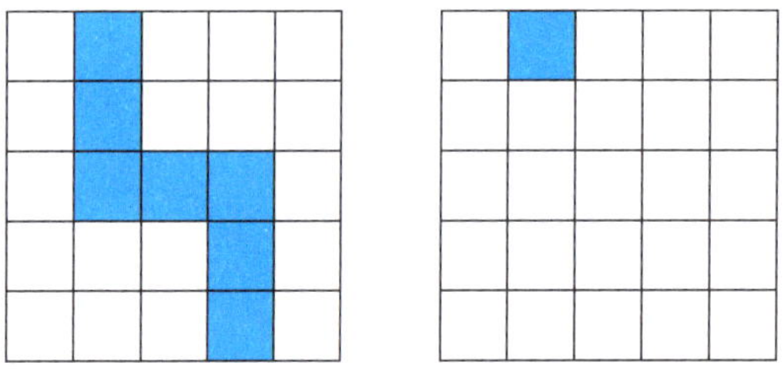

□ □ □

Corrigés p. 2

....

Relever des informations

1 **Observe le dessin encadré.**
Entoure le/les même(s).

2 **Observe les deux images. Entoure ce qui a changé dans la deuxième image.**

3 **Entoure les bonnes réponses et réponds aux questions.**

- Y a-t-il une fleur pour chaque abeille ? **oui** **non**
- Y a-t-il une salade pour chaque escargot ? **oui** **non**
- Combien y a-t-il d'abeilles ? ....
- Combien y a-t-il d'escargots ? ....
- Combien y a-t-il de fleurs ? ....
- Combien y a-t-il de salades ? ....

CONSEILS PARENTS
Lisez ou faites lire chaque question à votre enfant puis demandez-lui de montrer ce qu'il a repéré avant de répondre sur le cahier. S'il se trompe, demandez-lui de vérifier à nouveau.

Corrigés p. 2

....

BRAVO ! Tu as fini le chapitre 1.
Rendez-vous sur le site www.hatier-entrainement.com
pour encore plus d'exercices et de conseils !

Les nombres 1, 2, 3, 4, 5, 6, 7, 8

1 Observe et continue d'écrire les nombres : six, sept, huit.

6 6
7 7
8 8

2 Écris le nombre de doigts tendus.

....

3 Écris le nombre de personnes.

....

4 Dessine les jouets qui manquent.

7 ballons

5 cerceaux

8 billes

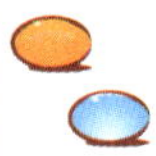

6 perles

CONSEILS PARENTS

Votre enfant doit se représenter les nombres sur ses doigts de différentes manières : ainsi 7 c'est 4 et 3, mais aussi 3 et 4 ou 5 et 2 ou 2 et 5.

Attention, il y a déjà **2 objets** dessinés dans chaque case.

Corrigés p. 2

....

NOMBRES

2 Les nombres de 1 à 10 (1)

JE COMPRENDS

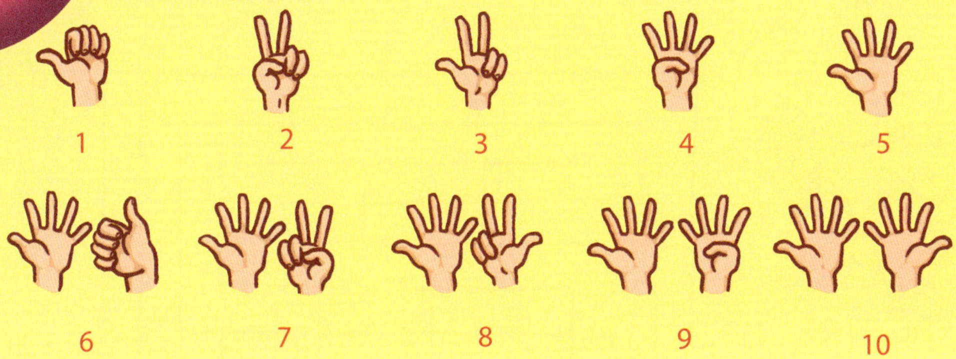

CONSEILS PARENTS

Votre enfant dénombre des collections différentes : doigts, points sur des cartes, carrés colorés, etc.

★ **1** **Observe et continue d'écrire les nombres : neuf, dix.**

9 9

10 10

★ **2** **Écris le nombre de points de chaque carte.**

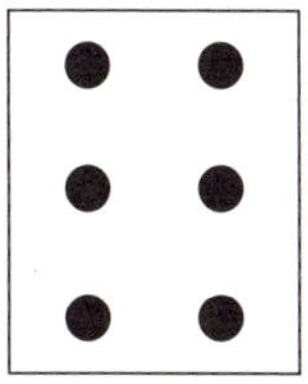

6

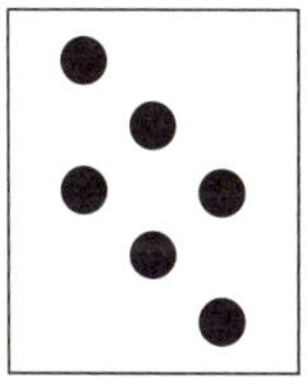

....

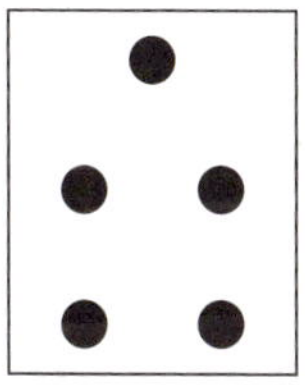

....

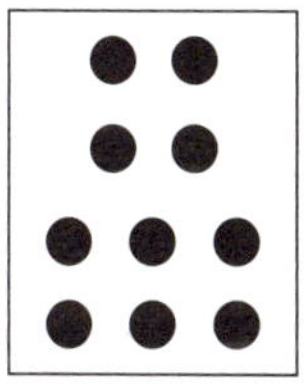

....

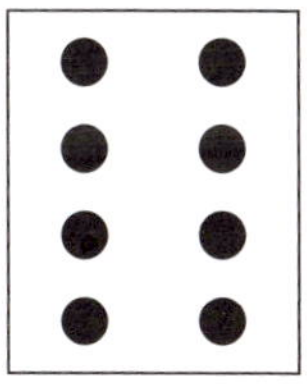

....

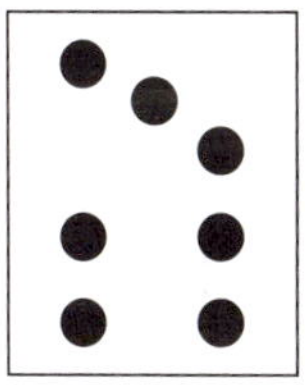

....

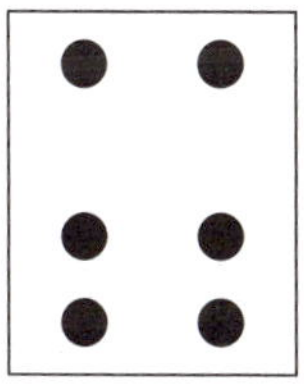

....

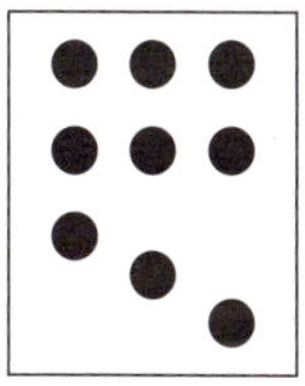

....

★★ **3** **Colorie le nombre de carreaux demandé.**

4

8

7

6

10

9

Corrigés p. 2

....

Plus d'exercices et de conseils sur **www.hatier-entrainement.com**

GÉOMÉTRIE

2 Anticiper un trajet

1 Trace le trajet qui conduit le poussin à la poule.

CONSEILS PARENTS
Demandez à votre enfant de suivre le trajet avec son doigt avant de le tracer au crayon sans appuyer. Ainsi, s'il se trompe, il peut effacer et recommencer.

Utilise un crayon à papier, tu pourras gommer si tu te trompes.

2 Trace le trajet qui conduit le têtard à la grenouille.

Corrigés p. 2

....

Plus d'exercices et de conseils sur www.hatier-entrainement.co

PROBLÈMES

2 Dénombrer pour répondre aux questions

★ 1 Complète la suite des nombres.

1	2	3							

★★ 2 Entoure les bonnes réponses et réponds aux questions.

- Y a-t-il un morceau de gâteau pour chaque enfant ? **oui** **non**
- Y a-t-il une sucette pour chaque enfant ? **oui** **non**
- Y a-t-il autant d'assiettes que d'enfants ? **oui** **non**
- Combien y a-t-il d'enfants ? ....
- Combien y a-t-il de sucettes ? ....
- Combien y a-t-il d'assiettes ? ....

★★ 3 Compte les billes d'Antoine, de Pierre et de Louis.

- Écris le prénom de l'enfant qui a le plus de billes : ....
- Écris le prénom de l'enfant qui a le moins de billes : ....

CONSEILS PARENTS

Pour l'exercice 2, demandez à votre enfant de décrire l'image. Lisez-lui la première consigne et laissez-lui le temps de répondre avant de passer à la consigne suivante.

Observe bien l'image avant de répondre aux questions !

Corrigés p. 2-3

....

BRAVO ! Tu as fini le chapitre 2.
Rendez-vous sur le site www.hatier-entrainement.com pour encore plus d'exercices et de conseils !

3 Les nombres de 1 à 10 (2)

JE SAIS DÉJÀ

CONSEILS PARENTS
Faites lire à votre enfant les numéros sur les anneaux de la chenille.

1 ★ Continue d'écrire les nombres sur les éléphants.

□ □ □

2 ★★ Tu pars de la case 1 pour aller à la case 10. Trace le chemin en vert.

Tu pars de la case 10 pour aller à la case 1. Trace le chemin en violet.

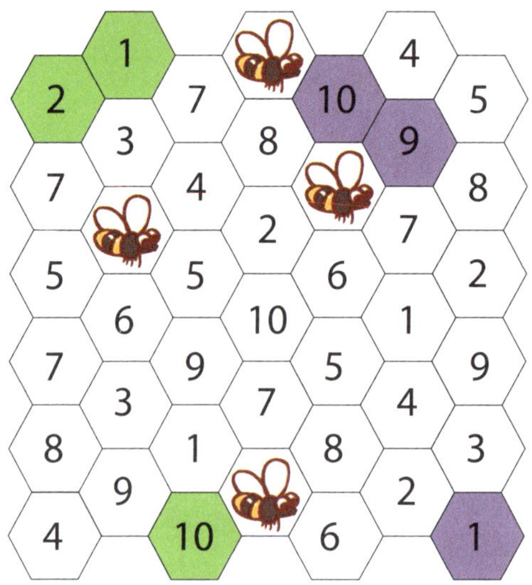

□ □ □

Attention, dans l'ex. 1, on a commencé à écrire les numéros sur les éléphants à partir de 4.

3 ★★ Observe les deux suites de nombres et complète-les.

1	2		4			7	8		10

10	9	8		6			3		1

□ □ □

Observe bien ! Dans la première suite de l'ex. 3, les nombres vont de 1 à 10, dans **l'ordre croissant**. Dans la deuxième suite, ils sont écrits dans **l'ordre décroissant**, de 10 à 1.

Corrigés p. 3

....

NOMBRES

3 La suite des nombres de 1 à 16 (1)

1 Observe les deux suites de nombres et complète-les.

1	2	3			6			9			12		14		16

16	15	14			11			8	7						1

2 Tu pars de la case 1 pour aller à la case 16. Trace le chemin en vert.

Tu pars de la case 16 pour aller à la case 1. Trace le chemin en violet.

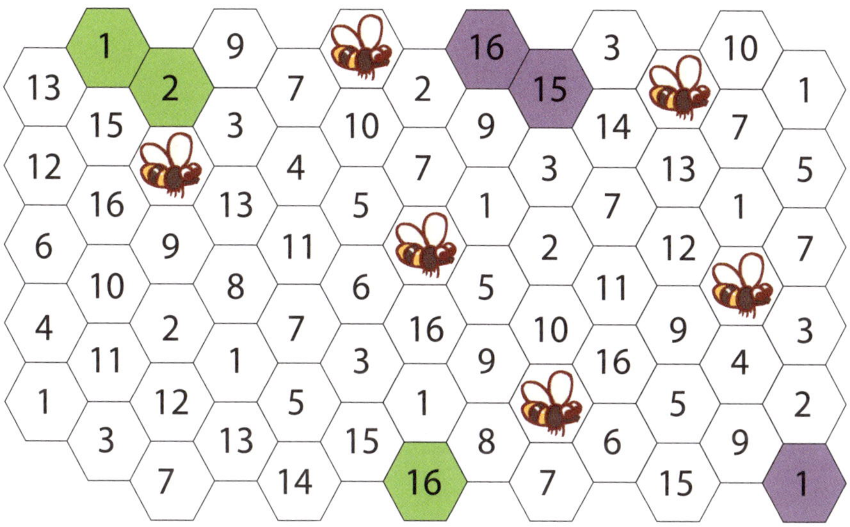

3 Joins les points dans l'ordre des nombres.

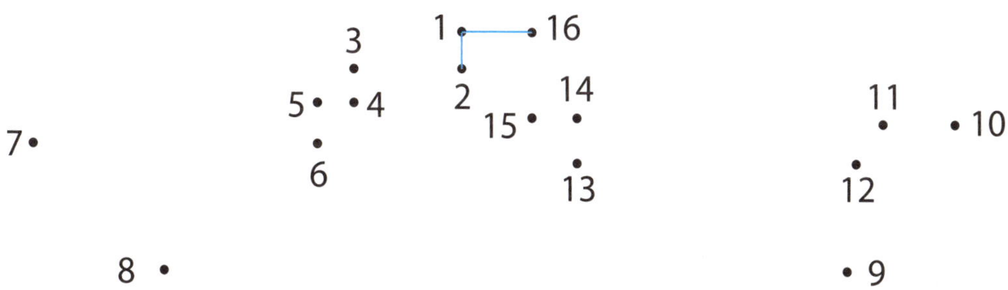

Observe bien ! Dans la première suite de l'ex. 1, les nombres vont de 1 à 16, dans **l'ordre croissant**. Dans la deuxième suite, ils sont écrits dans **l'ordre décroissant**, de 16 à 1.

CONSEILS PARENTS

Faites repérer les points à relier dans l'ordre avant que votre enfant ne les joigne à main levée avec un crayon.

Corrigés p. 3

....

GÉOMÉTRIE

3 Reproduire sur un quadrillage : les cases

1 Continue à reproduire le modèle dans l'autre grille.

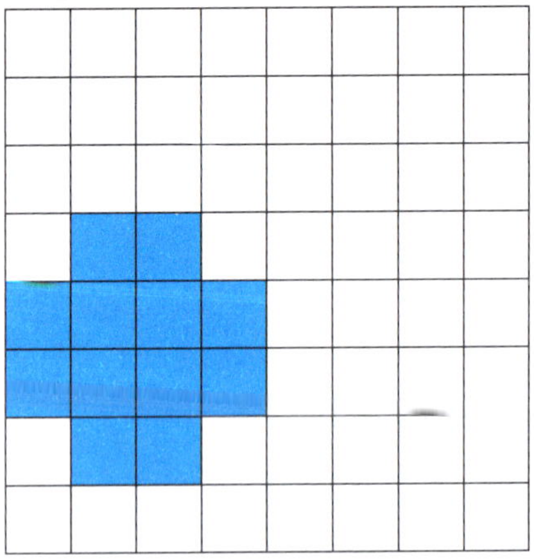
modèle

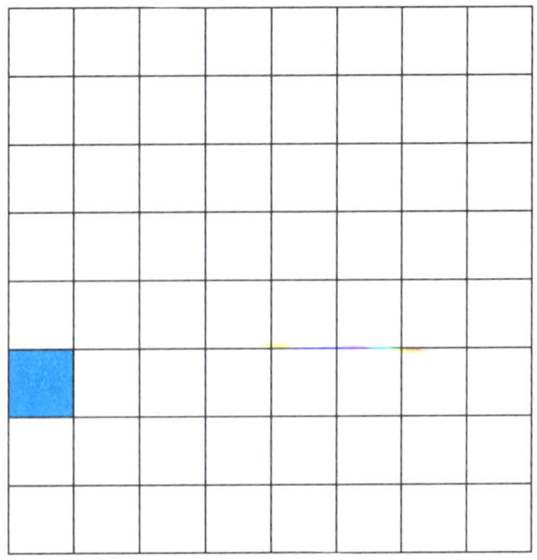

2 Continue à reproduire le modèle dans l'autre grille.

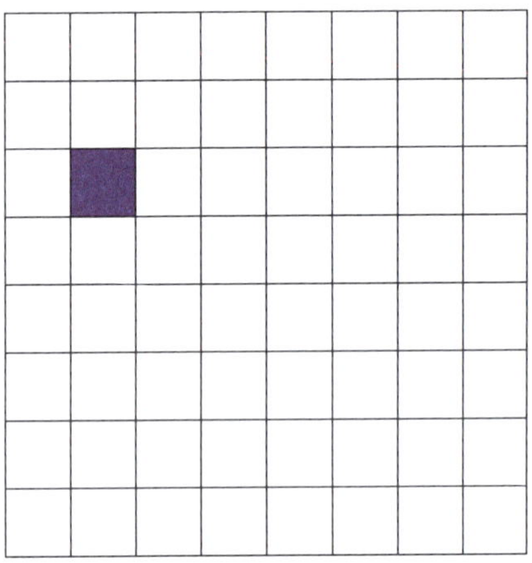

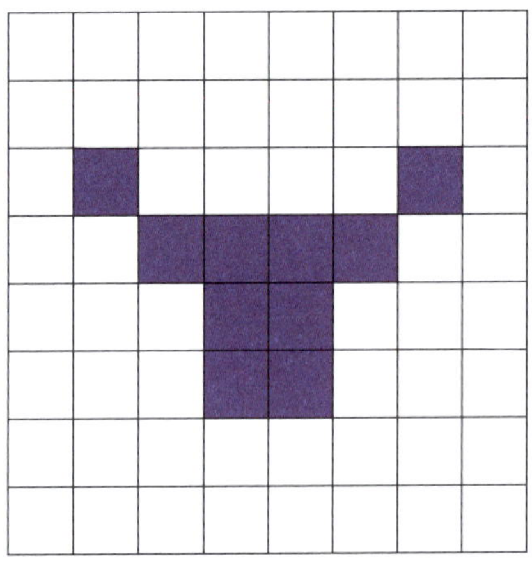
modèle

3 Continue à reproduire le modèle dans l'autre grille.

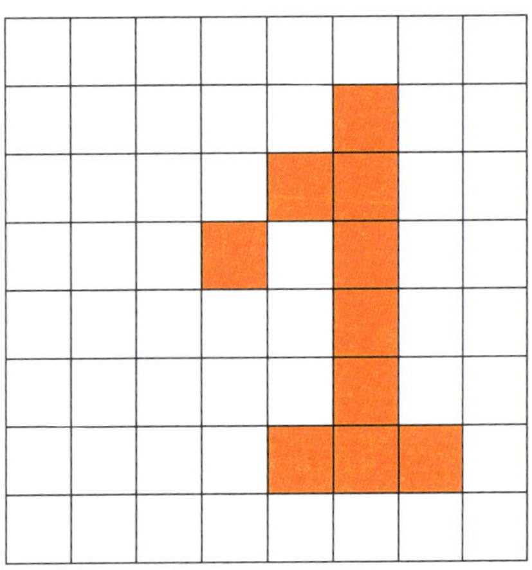
modèle

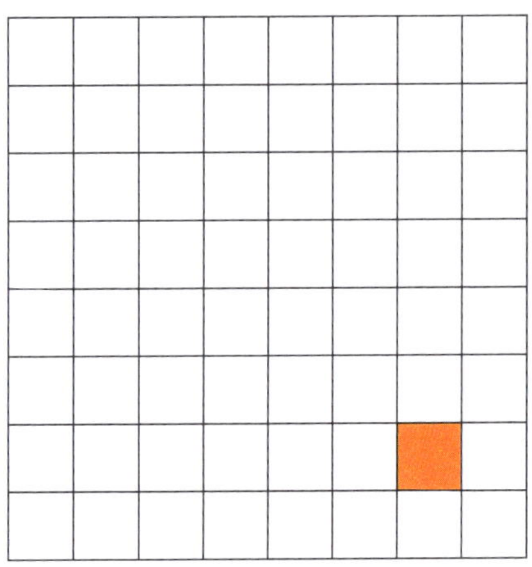

CONSEILS PARENTS
Avant chaque exercice, demandez à votre enfant de préparer plusieurs crayons de couleur bien taillés.

Corrigés p. 3

....

3 Relever des informations sur un calendrier

JE COMPRENDS

Les noms des **jours de la semaine** :
lundi, mardi, mercredi, jeudi, vendredi, samedi, dimanche

CONSEILS PARENTS

Faites observer à votre enfant le calendrier de l'année en cours. Faites-le travailler sur le calendrier du mois présent avant de passer à celui du cahier.

Décembre

		16	....
1	Jeudi	17	Samedi
2	Vendredi	18	Dimanche
3	Samedi	19	....
4	....	....	Mardi
5	Lundi	21	Mercredi
6	Mardi	22	....
7	....	....	Vendredi
8	Jeudi	....	Samedi
....	Vendredi	....	....
....	Samedi	26	Lundi
11	....	27	....
12	Lundi	....	Mercredi
....	Mardi	....	Jeudi
14	Mercredi	....	Vendredi
15	Jeudi	31	....

★★ **1**

- Complète les numéros des jours.
- Complète le nom des jours.
- Colorie en bleu tous les lundis. Combien y a-t-il de lundis ? ....
- Colorie en rouge tous les jeudis. Combien y a-t-il de jeudis ? ....
- Le 17 décembre, c'est l'anniversaire de Jeanne. Souligne en bleu cette date.
- Entoure en bleu le 25 décembre.

☐ ☐ ☐

Sur un calendrier de ta maison, amuse-toi à repérer **ton anniversaire**. Quel jour de la semaine tombe-t-il cette année ?

Corrigés p. 3

☐ .... ☐ .... ☐ ....

BRAVO ! Tu as fini le chapitre 3.
Rendez-vous sur le site www.hatier-entrainement.com pour encore plus d'exercices et de conseils !

NOMBRES

4 La suite des nombres de 1 à 16 (2)

CONSEILS PARENTS
En mathématiques, l'expression « autant que » signifie « le même nombre que ».

★ **1** Colorie en rouge 8 carreaux, puis colorie en bleu 11 carreaux.

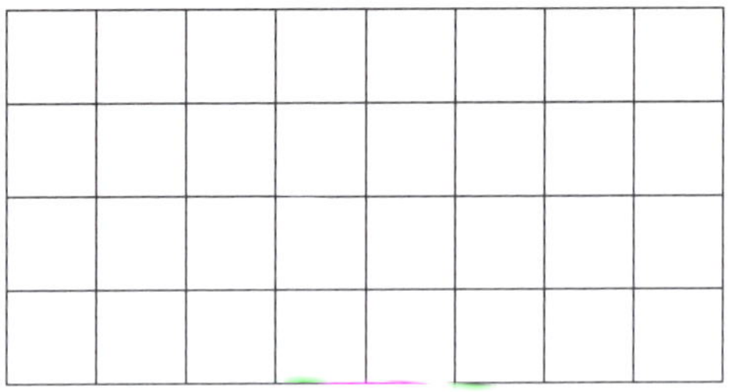

★★ **2** Colorie autant de carreaux orange que de carreaux verts.

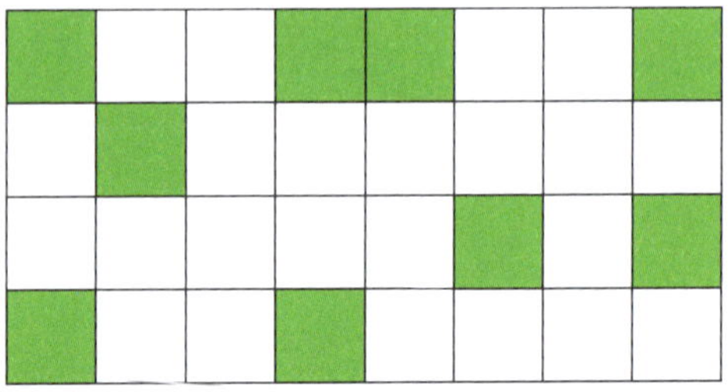

★★ **3** Colorie plus de carreaux rouges que de carreaux verts.

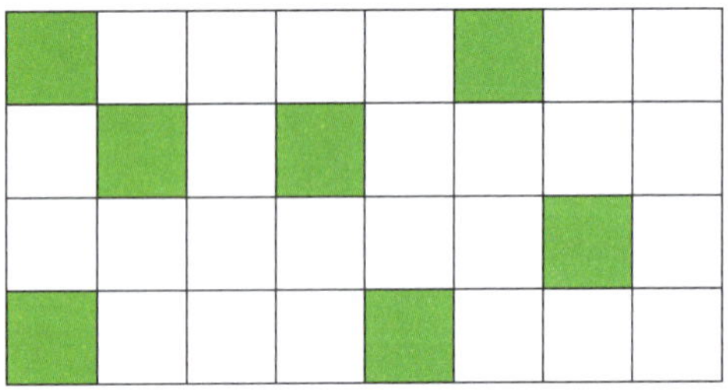

★★ **4** Colorie moins de carreaux rouges que de carreaux verts.

★★★ **5** Trouve la règle et continue de colorier.

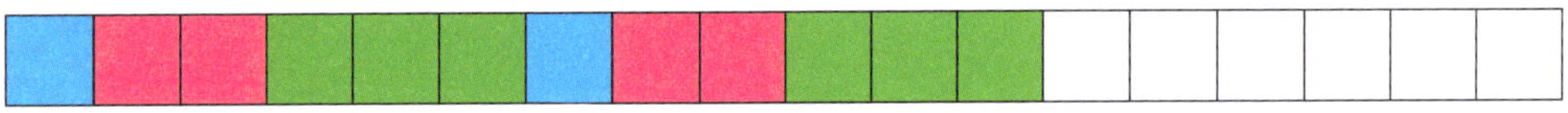

Observe bien la **règle du coloriage** avant de continuer !

★★★ **6** Trouve la règle et continue de colorier.

Corrigés p. 3

....

NOMBRES

4 La suite des nombres de 1 à 31

1 Joins les points dans l'ordre des nombres.

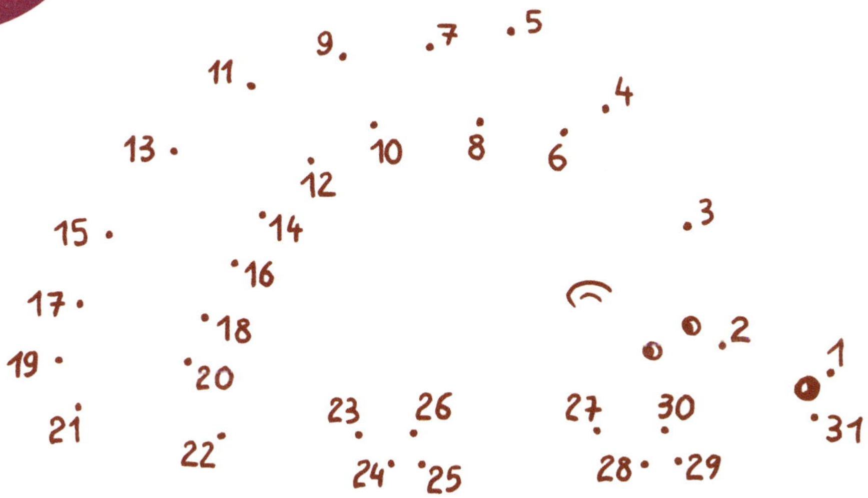

2 Observe les deux suites de nombres et complète-les.

16	17				21	22			25		27			30	31

31	30		28		26		24			21			18		

3 Complète les cases de cette piste de nombres.

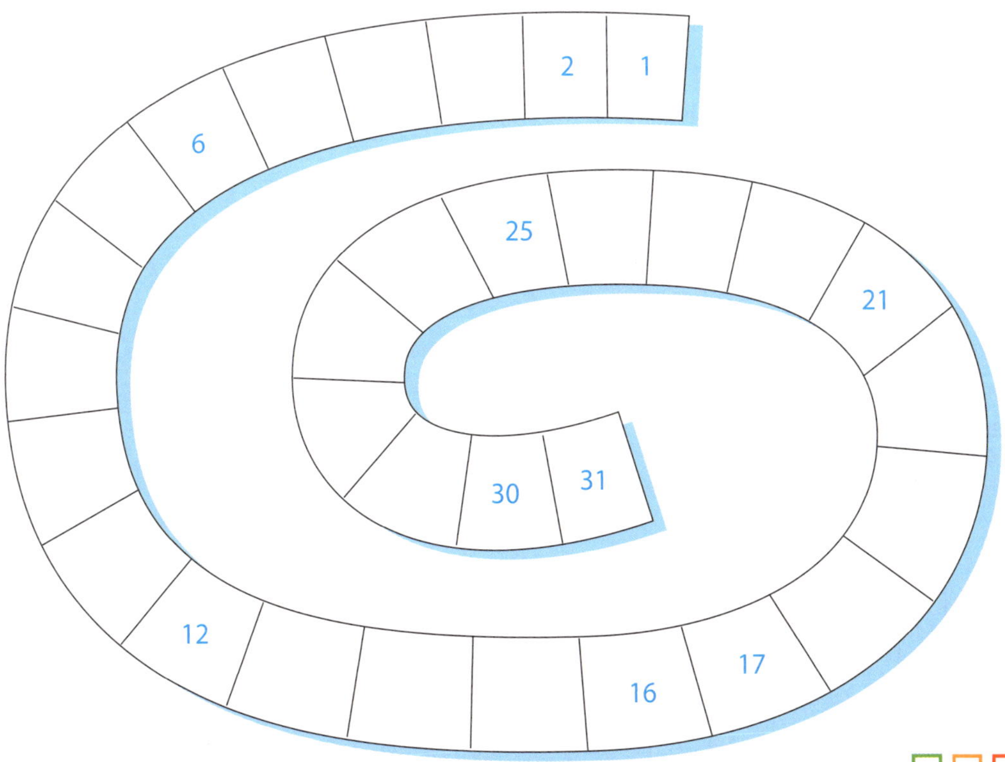

CONSEILS PARENTS

Votre enfant s'est déjà familiarisé avec la suite des nombres de 1 à 31 au cours de l'exploration du calendrier page 19. Il étudie ici d'autres représentations de cette suite afin d'en renforcer la mémorisation.

Repère les points à relier **dans l'ordre** avant de les joindre à main levée avec ton crayon.

Corrigés p. 3

....

Tracer à main levée

1 En partant du crayon, trace un trait autour de la forme, sans t'arrêter et sans déplacer ton cahier.

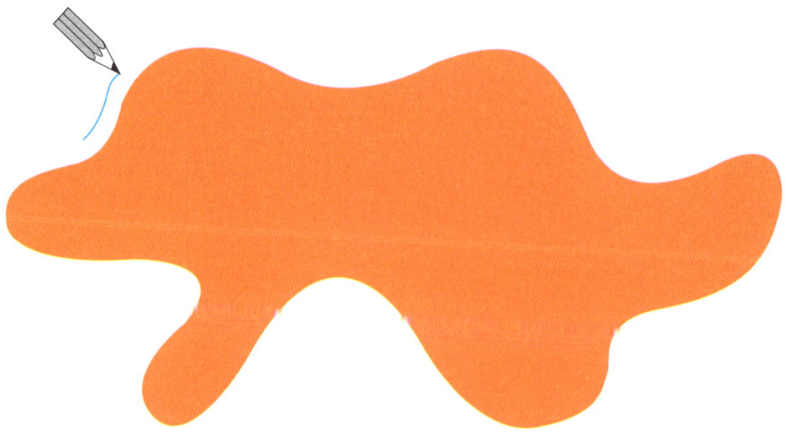

2 En partant du crayon, trace un trait autour du rond, sans t'arrêter et sans déplacer ton cahier.

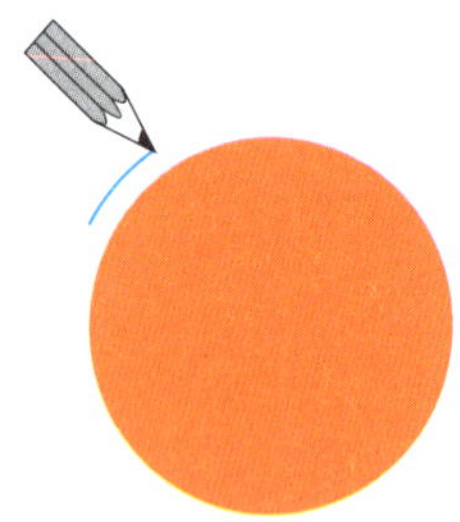

3 En partant de chaque point, reproduis le rond à main levée.

4 Reproduis le dessin à main levée.

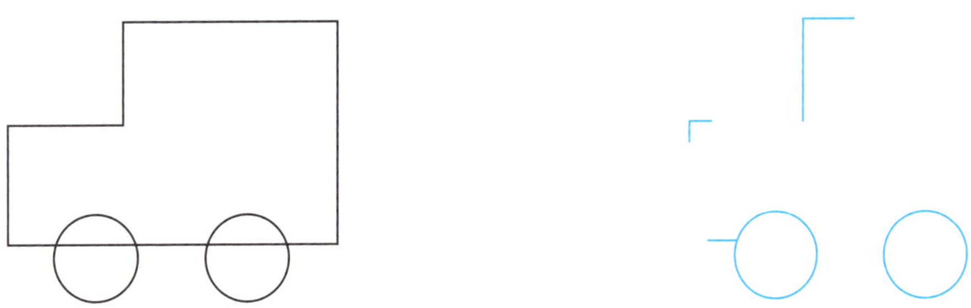

CONSEILS PARENTS
Veillez à ce que votre enfant ait un crayon bien taillé. Les tracés à main levée permettent une meilleure conceptualisation des figures.

Entraîne-toi d'abord à faire le geste de dessiner autour de la forme avec ton doigt, sans le crayon.

Corrigés p. 4

Plus d'exercices et de conseils sur www.hatier-entrainement.co

Se situer dans le temps

★ 1 **Mathieu construit un château de sable.**
Continue de numéroter les images.

CONSEILS PARENTS
Demandez à votre enfant de décrire les vignettes : dire leurs ressemblances et leurs différences, l'ordre qu'il va choisir et pourquoi.

Après avoir numéroté les images, vérifie que l'ordre que tu as trouvé convient.

□ □ □

★★ 2 **Numérote les images dans l'ordre du calendrier.**

Dimanche 12 juin

Samedi 25 juin

Mercredi 15 juin

Jeudi 23 juin

Dimanche 19 juin

Samedi 18 juin

□ □ □

Corrigés p. 4

....

BRAVO ! Tu as fini le chapitre 4.
Rendez-vous sur le site www.hatier-entrainement.com
pour encore plus d'exercices et de conseils !

5 Comparer

JE COMPRENDS

Paul a plus de billes que Luc.
10 est plus grand que 8.
10 > 8

Pierre a moins de billes que Luc.
7 est plus petit que 8.
7 < 8

CONSEILS PARENTS

Les expressions « plus que » et « moins que » étudiées aux pages 15 et 20, sont reprises ici en les associant à leurs signes respectifs.

★ **1** **Complète la suite des nombres.**

1	2					7								

★ **2** **Entoure le plus grand nombre et complète avec les signes > et <.**

(4) > 2
8 < (9)

- 10 6
- 7 4
- 5 8
- 9 1
- 3 6
- 2 7

Rappelle-toi que le signe > est ouvert du côté du plus grand nombre ! Par exemple, 7 > 3.

★★ **3** **Marie a gagné moins de billes que Victor.**
Dessine les billes de Marie.

★★ **4** **Jeanne a gagné plus de billes qu'Ahmed.**
Dessine les billes de Jeanne.

★★★ **5** **Leïla a gagné autant de billes que Thomas.**
Dessine les billes de Leïla.

Corrigés p. 4

....

NOMBRES

5 Grouper par 10 pour compter

JE COMPRENDS

Pour compter des objets, il est pratique de les grouper ou de les ranger par **10**.

CONSEILS PARENTS
Faites dénombrer à votre enfant des objets réels en lui demandant de les organiser en paquets de 10.

★ 1 Compte les bonbons en les groupant par 10.

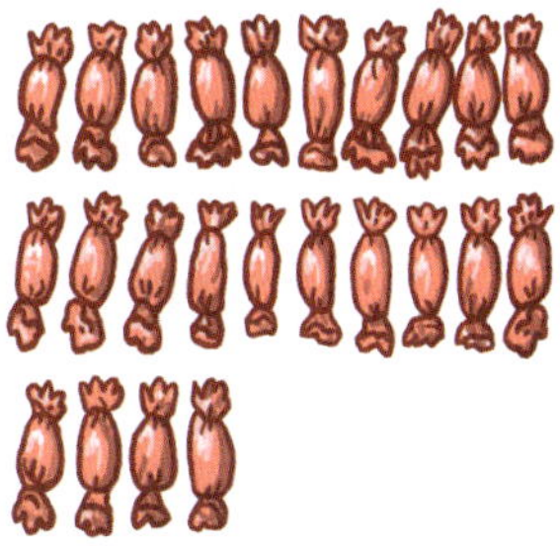

....

Tu peux faire une petite croix à côté d'un objet que tu as compté pour ne pas le compter deux fois ou ne pas l'oublier.

★★ 2 Colorie selon les indications données.

16 carreaux bleus

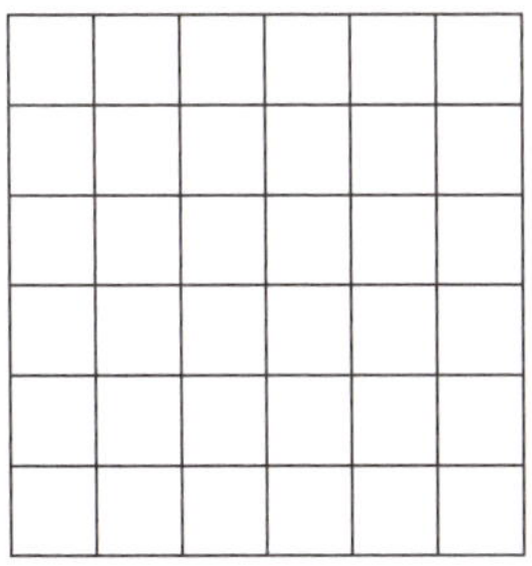

25 carreaux rouges

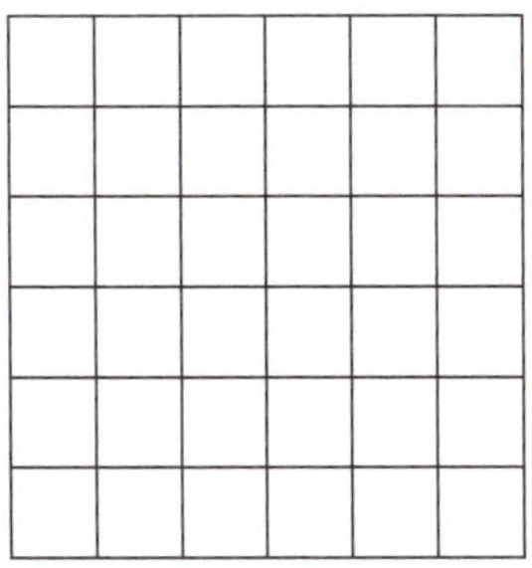

★★ 3 Continue de colorier pour avoir les nombres de carreaux indiqués.

28 carreaux

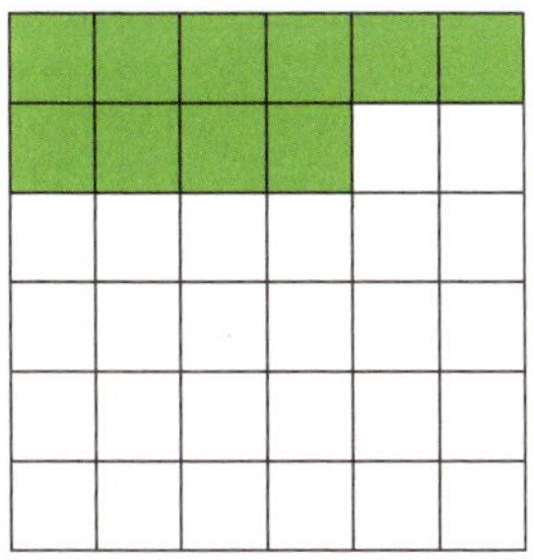

30 carreaux

Corrigés p. 4

....

Plus d'exercices et de conseils sur www.hatier-entrainement.com

5 Comprendre le vocabulaire de l'espace (2)

★ 1 Colorie selon les indications données.

- Colorie en rouge le ballon qui se trouve dans la main droite de Victor.
- Colorie en bleu le ballon qui se trouve dans la main gauche de Victor.

- Colorie en rouge l'oiseau le plus haut sur l'image.
- Colorie en bleu l'oiseau le plus bas sur l'image.

- Colorie en rouge les canards qui sont dans la mare.
- Colorie en bleu les canards qui sont à l'extérieur de la mare.

★★ 2 Complète le tableau.

	rouge	bleu	bleu ciel
△	▲		
○			●
□			

CONSEILS PARENTS
Votre enfant doit ici se décentrer de sa propre droite et sa propre gauche pour penser la droite et la gauche d'un personnage qui est placé face à lui.

Regarde, le triangle rouge est **au croisement** de la ligne des triangles et de la colonne de la couleur rouge.

Corrigés p. 4

....

Plus d'exercices et de conseils sur www.hatier-entrainement.com

PROBLÈMES

5 La monnaie : grouper par 10 pour échanger

JE COMPRENDS

1€ 1€ 1€ 1€ 1€ 1€ 1€ 1€ 1€ 1€ c'est aussi 10€

1€ 1€ 1€ 1€ 1€ c'est aussi 5€

1€ 1€ c'est aussi 2€

CONSEILS PARENTS

Si vous disposez de monnaie factice, jouez à « la marchande » avec votre enfant en échangeant les rôles du vendeur et de l'acheteur.

1 Jeanne donne 18 € pour acheter un cadeau. Colorie en rouge les pièces et les billets qu'elle donne.

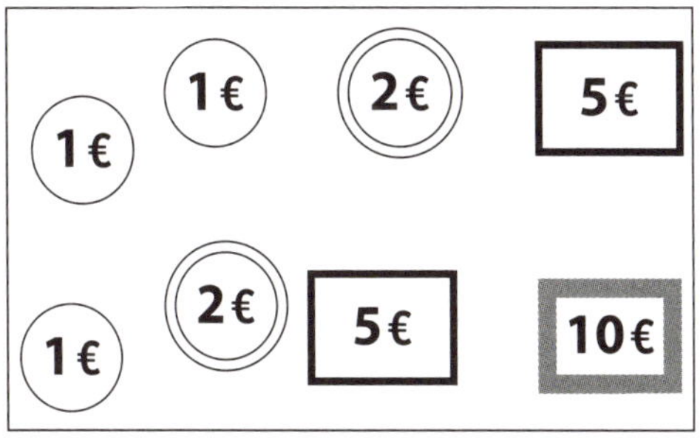

2 Quels billets et quelles pièces Victor peut-il donner pour acheter le gâteau ? Dessine-les.

Pour l'exercice 1, il y a **2 solutions** possibles ! Cherche-les...

3 Dessine la même somme d'argent avec le moins de billets et de pièces possible.

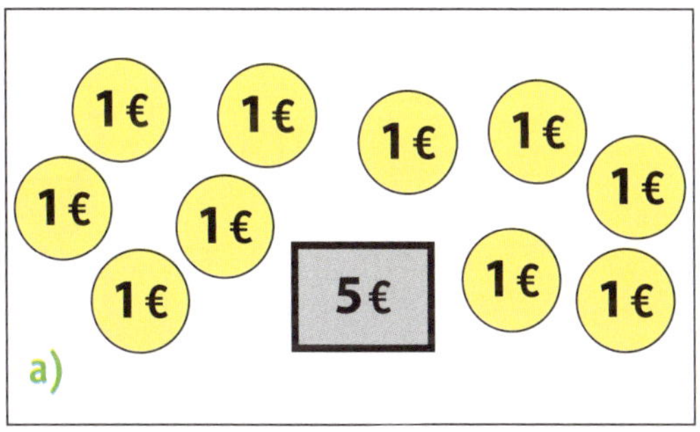

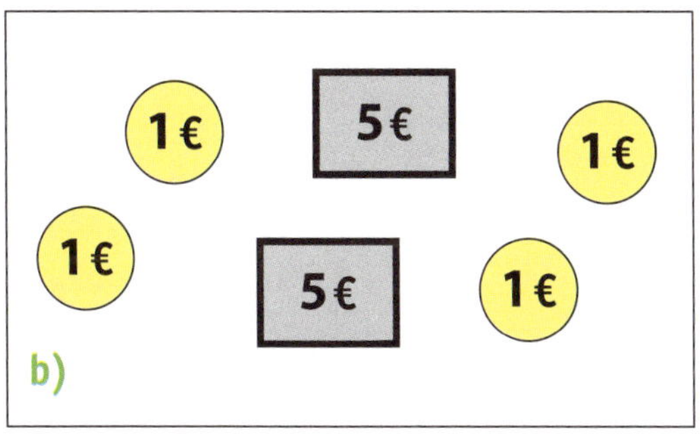

Corrigés p. 4

BRAVO ! Tu as fini le chapitre 5.
Rendez-vous sur le site www.hatier-entrainement.com pour encore plus d'exercices et de conseils !

NOMBRES

6 Dire et écrire le nom des nombres de 1 à 10

JE SAIS DÉJÀ

1 un

2 deux

3 trois

4 quatre

5 cinq

6 six

7 sept

8 huit

9 neuf

10 dix

CONSEILS PARENTS

Il est beaucoup plus facile pour votre enfant de comprendre la règle d'écriture des nombres en chiffres que la règle d'écriture des nombres en lettres.

1 **Continue d'écrire dans ton cahier le nom des nombres.**

un,
deux,
trois,
quatre,
cinq,
six,
sept,
huit,
neuf,
dix,

Applique-toi pour écrire le nom des nombres.

2 **Écris en chiffres puis en lettres le nombre de doigts tendus.**

7 ....

sept ....

3 **Dessine.**

huit pommes

sept fleurs

dix billes

neuf étoiles

Quand tu as fini de dessiner, vérifie que tu as le nombre demandé.

Corrigés p. 4

....

CALCUL

6 Utiliser les signes + et =

JE COMPRENDS

5 + 4 = 9
« 5 plus 4 égale 9. »
Marie a 9 images.
On dit que 9 est la somme de 5 et 4.

+ 4

1	2	3	4	5	6	7	8	9	10	11	12	13	14	15	16	17	18	19	20	21	22

CONSEILS PARENTS
Apprenez à votre enfant à s'aider de la suite des nombres ou de ses doigts pour calculer, tant qu'il n'a pas mémorisé les résultats.

1 Calcule. 2 + 6 = 8

- 4 + 5 = ...
- 4 + 3 = ...
- 1 + 6 = ...
- 7 + 1 = ...
- 5 + 2 = ...
- 3 + 7 = ...
- 3 + 2 = ...
- 9 + 1 = ...
- 8 + 2 = ...

2 Calcule.

- 2 + 5 = ...
- 8 + 2 = ...
- 4 + 6 = ...
- 5 + 2 = ...
- 2 + 8 = ...
- 6 + 4 = ...

3 Relie en rouge les cases 9 en passant par le chemin du nombre 9.
Relie en bleu les cases 7 en passant par le chemin du nombre 7.

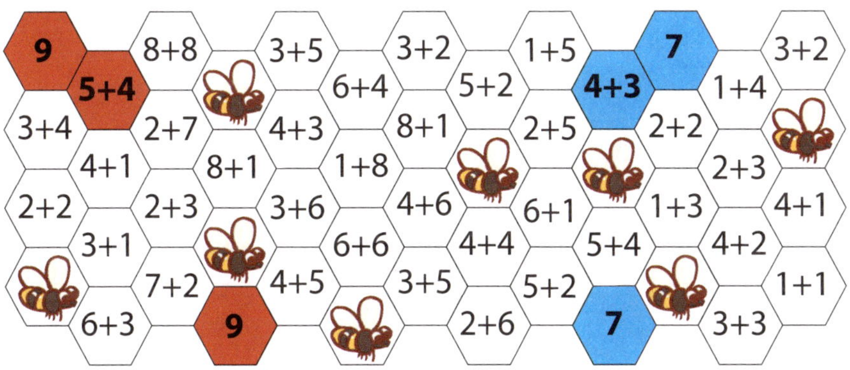

Pour t'aider, tu peux commencer par **calculer** les sommes dans les alvéoles et les écrire avec ton crayon.

4 Entoure la bonne somme.

- Jeanne donne 7 € pour acheter un cadeau.

5 € + 1 € + 2 €   2 € + 2 € + 2 €   5 € + 2 €

- Victor a reçu 8 € pour son anniversaire.

2 € + 2 € + 5 €   2 € + 5 € + 1 €   5 € + 5 €

Corrigés p. 4

....

Plus d'exercices et de conseils sur www.hatier-entrainement.com

6 Tracer des segments à la règle

JE COMPRENDS

Pour tracer un segment avec une règle :
- je place la règle le long des deux points,
- je place mes doigts sur la règle, je la tiens fermement,
- je trace le segment passant par ces points.

CONSEILS PARENTS

Demandez à votre enfant de dessiner des traits droits sur une feuille blanche, sans contrainte. Aidez-le à positionner ses doigts sur la règle.

Ton crayon doit être bien taillé.

★ 1 **En t'aidant des points, dessine la même figure avec une règle.**

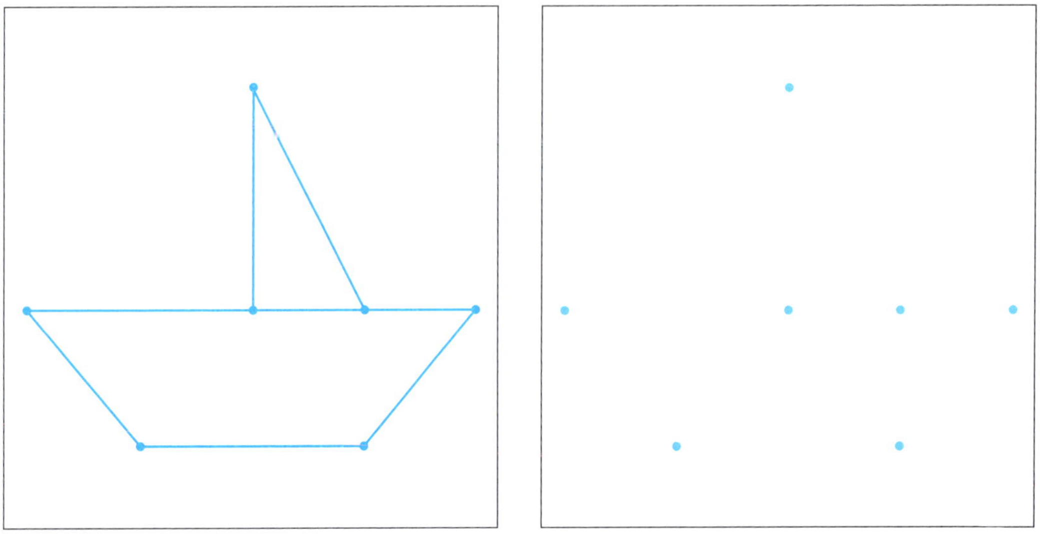

★★ 2 **En t'aidant des points, dessine les mêmes figures avec une règle.**

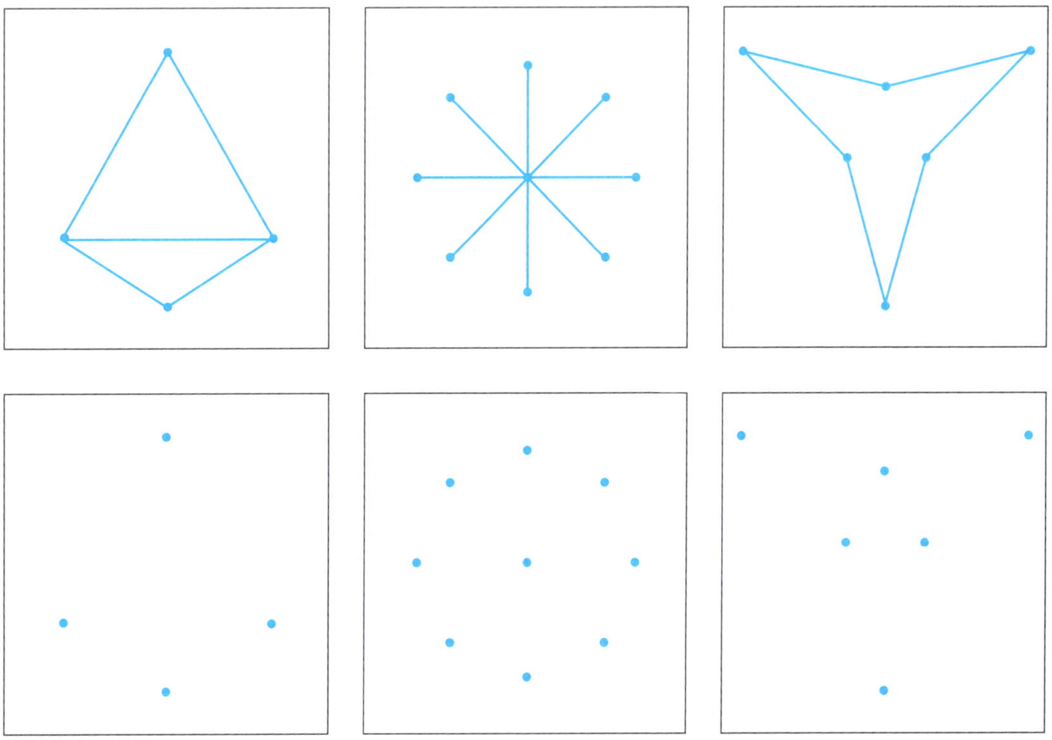

Corrigés p. 4

....

PROBLÈMES

6 Apprendre à résoudre des problèmes

★ 1 Complète la suite des nombres.

1					6	7					12	13	14			17	18

★★ 2 Observe les dessins et réponds aux questions.

- Combien d'images Marie a-t-elle maintenant ? ....

- Combien d'images Pierre a-t-il maintenant ? ....

★★★ 3 Réponds aux questions.

- Luc a 8 images. Mathieu donne 5 images à Luc.

Combien d'images Luc a-t-il maintenant ? ....

Écris le calcul : ....

- Théo a 9 billes. À la récréation, il gagne 3 billes.

Combien de billes a-t-il maintenant ? ....

Écris le calcul : ....

- Jeanne a 7 images. Arthur a 2 images de plus que Jeanne.

Combien d'images Arthur a-t-il ? ....

Écris le calcul : ....

- Dans l'album de Chloé, il y a deux pages. Sur une page, elle a collé 8 images. Sur l'autre page, elle a collé 4 images.

Combien d'images a-t-elle en tout ? ....

Écris le calcul : ....

CONSEILS PARENTS

Pour chaque problème, demandez à votre enfant de le lire silencieusement. Puis posez-lui des questions du type : combien d'images a Marie ? (ex 2) Combien d'images Victor lui donne-t-il ? Que dois-tu chercher ? Puis laissez-le trouver tout seul.

Réponds à la question posée puis vérifie ton calcul.

Corrigés p. 5

....

BRAVO ! Tu as fini le chapitre 6.
Rendez-vous sur le site www.hatier-entrainement.com pour encore plus d'exercices et de conseils !

NOMBRES

7 Dire et écrire le nom des nombres de 11 à 17

JE COMPRENDS

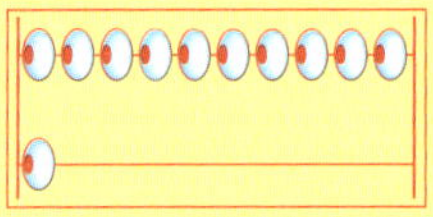
11
onze

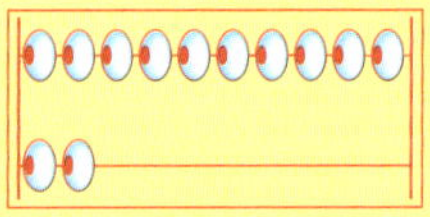
12
douze

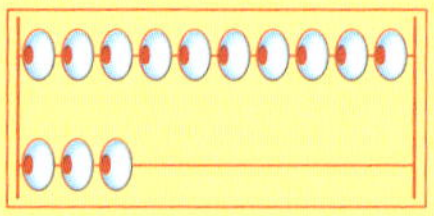
13
treize

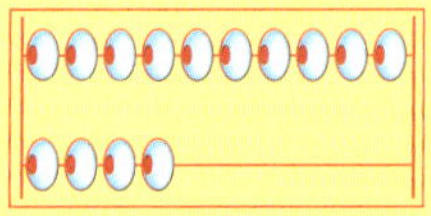
14
quatorze

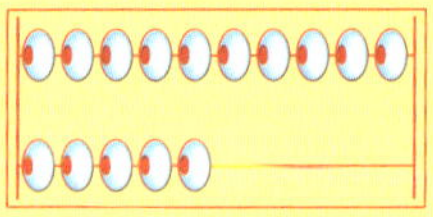
15
quinze

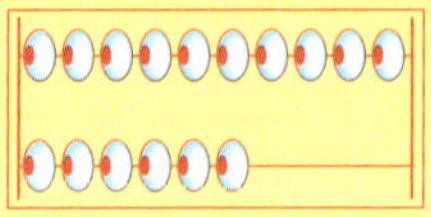
16
seize

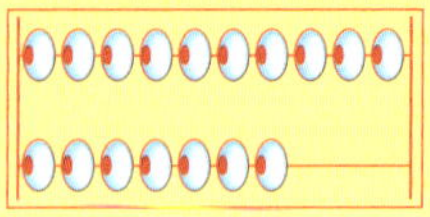
17
dix-sept

CONSEILS PARENTS

Jusqu'à 16 (seize), les noms des nombres sont écrits globalement. À partir de 17 (dix-sept) et jusqu'à 69 (soixante-neuf), le nom des nombres est constitué du nom de la dizaine et du nom des unités.

★ **1** **Continue d'écrire dans ton cahier le nom des nombres.**

onze, quatorze,
douze, quinze,
treize, seize,

Applique-toi pour écrire le nom des nombres.

★ **2** **Écris la somme contenue dans chaque tirelire, en chiffres et en lettres.**

....

....

★★ **3** **Dessine les billets et les pièces pour avoir la somme indiquée.**

seize euros	onze euros

Quand tu as fini de dessiner les billets et les pièces, vérifie que tu as bien la somme indiquée.

Corrigés p. 5

....

Plus d'exercices et de conseils sur www.hatier-entrainement.co

7 Calculer mentalement

1 Calcule. 6 + 3 = 9

- 3 + 1 = ...
- 3 + 2 = ...
- 10 + 5 = ...
- 2 + 4 = ...
- 4 + 7 = ...
- 3 + 6 = ...
- 5 + 3 = ...
- 8 + 3 = ...
- 5 + 2 = ...
- 1 + 5 = ...
- 4 + 5 = ...
- 10 + 10 = ...

2 Calcule.

- 10 + 5 = ...
- 8 + 10 = ...
- 10 + 3 = ...
- 5 + 10 = ...
- 10 + 8 = ...
- 3 + 10 = ...

3 Calcule.

- 4 + 2 + 1 = ...
- 2 + 6 + 3 = ...
- 6 + 2 + 4 = ...
- 5 + 1 + 3 = ...
- 1 + 3 + 7 = ...
- 3 + 10 + 4 = ...
- 5 + 5 + 5 = ...
- 10 + 1 + 4 = ...
- 2 + 8 + 10 = ...

4 Complète.

- 3 + ... = 10
- 9 + ... = 10
- 1 + ... = 10
- 6 + ... = 10
- 8 + ... = 10
- 2 + ... = 10
- 5 + ... = 10
- 7 + ... = 10

5 Complète.

13 →(+2)→ 15 →(+2)→ ☐ →(+2)→ ☐ →(+2)→ ☐ →(+2)→ ☐ →(+2)→ ☐

6 Complète.

16 →(+2)→ 18 →(+2)→ ☐ →(+2)→ ☐ →(+2)→ ☐ →(+2)→ ☐ →(+2)→ ☐

CONSEILS PARENTS

Apprenez à votre enfant à s'aider de la suite des nombres ou de ses doigts pour calculer, tant qu'il n'a pas mémorisé les résultats.

Si ça t'aide, tu peux te servir de tes doigts pour calculer.

Corrigés p. 5

....

Reconnaître des formes identiques

JE COMPRENDS

Pour vérifier que les triangles reliés par des flèches se superposent, on peut utiliser du papier-calque.
On dit que ces triangles sont **identiques**.
Cette règle est valable pour les rectangles, les ronds et les carrés.

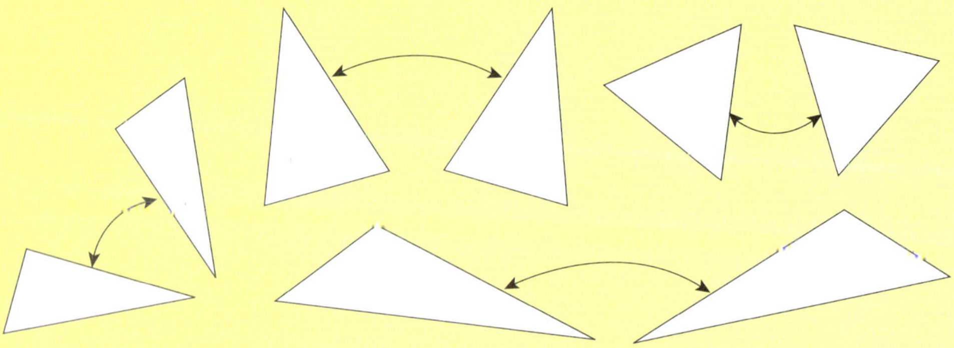

CONSEILS PARENTS

Apprenez à votre enfant à se servir du papier calque pour reproduire une figure.

★ **1** **Observe le triangle encadré. Colorie le triangle identique. Tu peux utiliser un calque.**

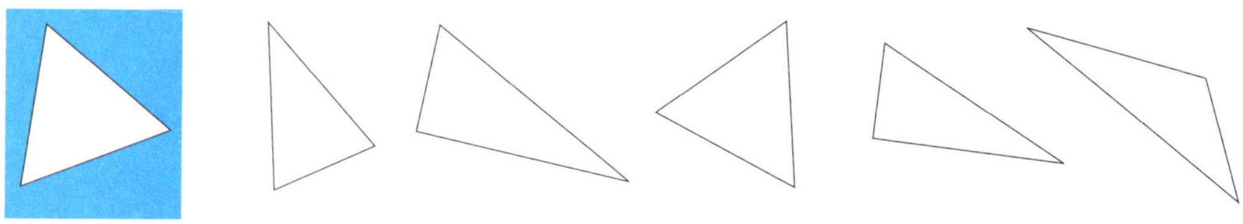

Dessine soigneusement la figure sur ton papier calque, puis superpose le calque sur les autres triangles pour trouver celui qui est identique.

★ **2** **Observe le rectangle encadré. Colorie le rectangle identique. Tu peux utiliser un calque.**

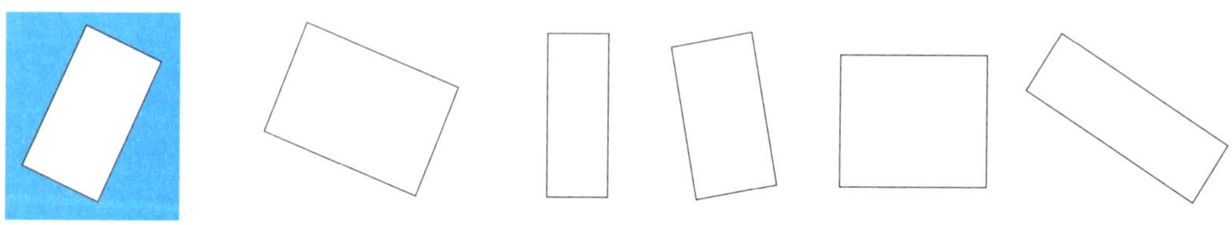

★★ **3** **Reproduis à main levée chaque dessin en t'aidant des points.**

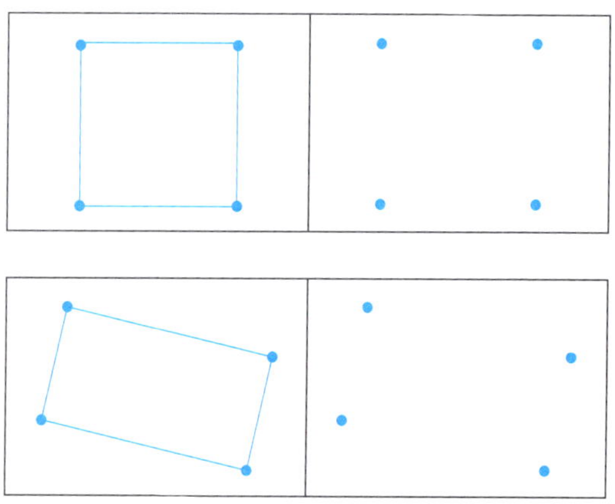

Corrigés p. 5

....

PROBLÈMES

7 Résoudre des problèmes de comparaison

1 Complète la suite des nombres.

13	14	15													

2 Entoure le prénom de celui ou celle qui a le plus d'argent.

3 Entoure le prénom de celui ou celle qui a le moins d'argent.

4 Dessine les pièces et les billets de Thomas et d'Arthur.

- Thomas a plus d'argent que Leïla et moins d'argent que Luc.

- Arthur a plus d'argent qu'Ahmed et moins d'argent que Chloé.

BRAVO ! Tu as fini le chapitre 7.
Rendez-vous sur le site www.hatier-entrainement.com pour encore plus d'exercices et de conseils !

CONSEILS PARENTS
Votre enfant comprend que pour calculer une somme, il ne faut pas tenir compte du nombre de billets et de pièces mais de la valeur des billets et des pièces.
Aidez-le à se repérer dans les 3 vignettes horizontales de l'exercice 4.

Calcule d'abord la somme d'argent de Leïla et de Luc, puis prévois la somme d'argent de Thomas. Tu peux t'aider de la suite des nombres.

Corrigés p. 5

....

NOMBRES

8 La suite des nombres de 1 à 69

CONSEILS PARENTS
Pour avancer de 10 en 10, votre enfant commence par compter les cases une à une puis comprend qu'il peut compter en s'appuyant sur les dizaines.

1	2	3	4	5	6	7	8	9	10	11	12	13	14	15	16	17	18
																	19
37	36	35	34	33	32	31	30	29	28	27	26	25	24	23	22	21	20
38																	
39	40	41	42	43	44	45	46	47	48	49	50	51	52	53	54	55	56
																	57
						69	68	67	66	65	64	63	62	61	60	59	58

1 **Sur la suite des nombres ci-dessus, continue de colorier en rouge les cases de 10 en 10. Écris les nombres que tu as coloriés en rouge.**

10 dix
20 vingt
- ....
- ....
- ....
- ....

2 **Sur la suite des nombres, continue de colorier en bleu les cases de 10 en 10. Écris les nombres que tu as coloriés en bleu.**

3 trois
13 treize
- ....
- ....
- ....
- ....
- ....

Quand tu as terminé les exercices 1 et 2, observe ce qui change d'un nombre au suivant.

3 **Le nombre secret.**

- On peut m'écrire 10 + 3. Qui suis-je ? ....
- On peut m'écrire 10 + 4 + 10. Qui suis-je ? ....
- On peut m'écrire 10 + 10 + 8. Qui suis-je ? ....
- On peut m'écrire 7 + 10 + 10. Qui suis-je ? ....

4 **Écris le nombre juste avant et le nombre juste après.**

34 35 36

- ...... 40 ......
- ...... 59 ......
- ...... 64 ......

Corrigés p. 5

....

Plus d'exercices et de conseils sur www.hatier-entrainement.com

CALCUL

8 Utiliser les signes – et =

JE COMPRENDS

8 – 3 = 5
« 8 moins 3 égale 5. »
Il y a 5 billes dans la boîte.
On dit que 5 est la **différence** entre 8 et 3.

– 3 (de 8 à 5)

1	2	3	4	5	6	7	8	9	10	11	12	13	14	15	16	17	18	19	20	21	22

CONSEILS PARENTS
Si votre enfant a du mal à comprendre les énoncés, commencez par lui faire mimer la situation avec du matériel.

1	2	3	4	5	6	7	8	9	10	11	12	13	14	15	16	17	18

★ 1 Calcule. 9 – 2 = 7

- 8 – 4 = ...
- 7 – 1 = ...
- 9 – 4 = ...
- 6 – 5 = ...
- 7 – 3 = ...
- 6 – 2 = ...
- 8 – 3 = ...
- 9 – 3 = ...
- 10 – 5 = ...
- 7 – 4 = ...
- 10 – 3 = ...
- 8 – 5 = ...

★★ 2 Réponds aux questions.

- Manu a 14 billes. Il donne 3 billes à Julie. Combien de billes Manu a-t-il maintenant ? ....
- Paul a 12 images. Louise a 3 images de moins que Paul. Combien d'images Louise a-t-elle ? ....
- Claire a 8 €. Jean a 3 € de plus que Claire. Combien a Jean ? ....
- Marion et Mathilde ont ensemble 13 images. Marion a 3 images. Combien d'images Mathilde a-t-elle ? ....
- Théo veut acheter un livre à 10 €. Il a déjà 2 €. Combien lui manque-t-il ?

....

Lis attentivement chaque problème deux fois. Réponds à la question posée puis vérifie ton calcul.

★★★ 3 Entoure le calcul qui correspond à ce problème.

- Il y a 15 billes dans une boîte. Léa prend 4 billes. Combien de billes y a-t-il maintenant dans la boîte ?

15 + 4   4 + 15   15 – 4   3 + 7 + 2

- Jade a 11 images. Elle gagne 3 images. Combien d'images a-t-elle maintenant ?

11 – 3   11 + 3   5 + 11   2 + 6 + 3

Corrigés p. 5

....

Plus d'exercices et de conseils sur www.hatier-entrainement.com

GÉOMÉTRIE

8 Reproduire sur un quadrillage : les nœuds

★ 1 **Continue de reproduire le modèle.**

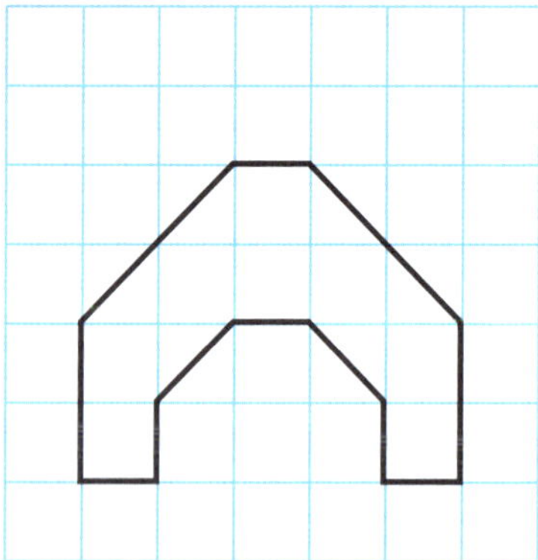

modèle

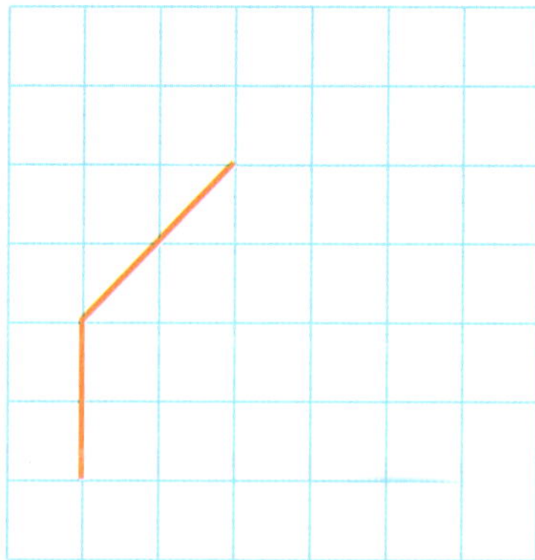

★ 2 **Continue de reproduire le modèle.**

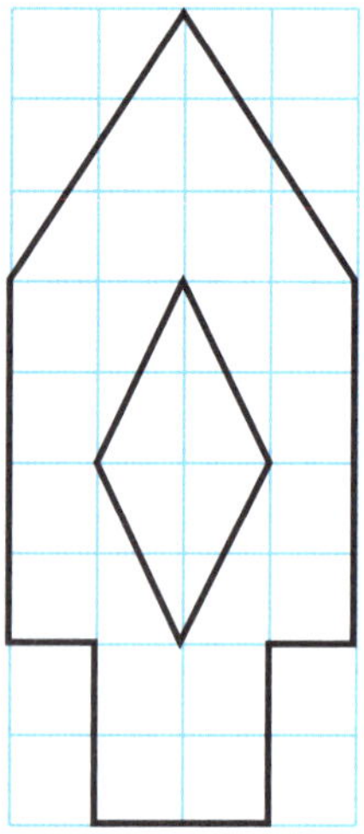

modèle

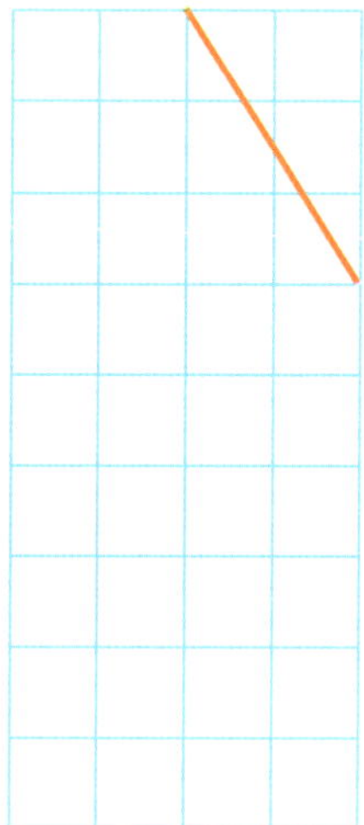

★★ 3 **Continue chaque frise.**

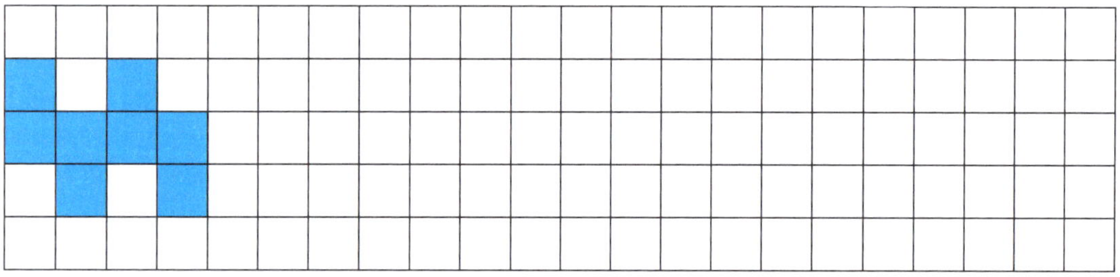

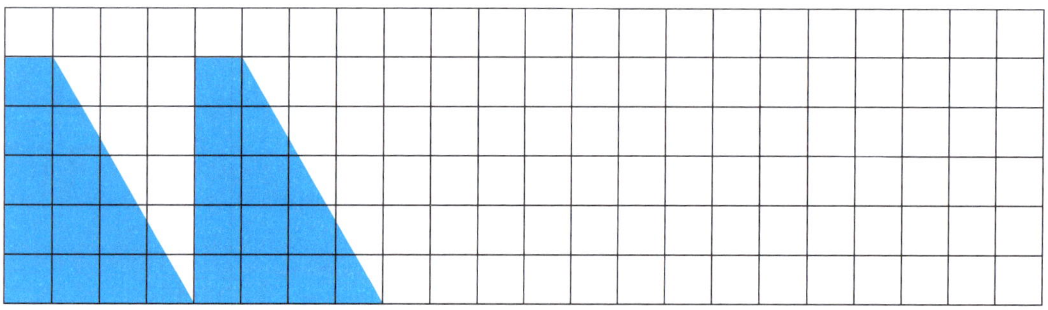

CONSEILS PARENTS

Demandez à votre enfant de choisir un point sur le modèle, puis de vous dire où il va le placer sur le quadrillage. Il peut procéder en se référant au bord du quadrillage ou par voisinage avec un point déjà placé.

Sur le modèle, choisis un segment, son point de départ et son point d'arrivée. Dessine ces deux points à leur place sur le deuxième quadrillage, puis trace le segment entre ces deux points.

Corrigés p. 5

....

PROBLÈMES

8 Résoudre des problèmes en calculant (1)

1 ★ **Luc a 12 images. Pierre a 3 images. Marie a 5 images.**

Combien d'images ont-ils ensemble ? ....

Écris le calcul : ....

☐ ☐ ☐

2 ★ **Entoure chaque fois la somme qui correspond à l'énoncé.**

- Jeanne donne 15 € pour acheter un cadeau.

5 € + 5 € + 2 €   5 € + 5 € + 5 €   10 € + 2 €   2 € + 10 € + 2 €

- Thomas a 20 € avec deux billets.

5 € + 5 € + 5 € + 5 €   10 € + 10 €

10 € + 5 € + 5 €   5 € + 10 €

☐ ☐ ☐

3 ★★ **Réponds aux questions et écris le calcul.**

- Marion a 15 €. Elle reçoit 5 €. Combien a Marion maintenant ? ....

Écris le calcul : ....

- Julie a 8 billes. Marie a 2 billes de moins que Julie.

Combien de billes a Marie ? ....

Écris le calcul : ....

- Mathilde et Vincent ont ensemble 10 images. Mathilde a 4 images.

Combien d'images a Vincent ? ....

Écris le calcul : ....

☐ ☐ ☐

4 ★★ **Relie en rouge les deux cases (10) en passant par le chemin du nombre 10.**

Relie en bleu les deux cases (15) en passant par le chemin du nombre 15.

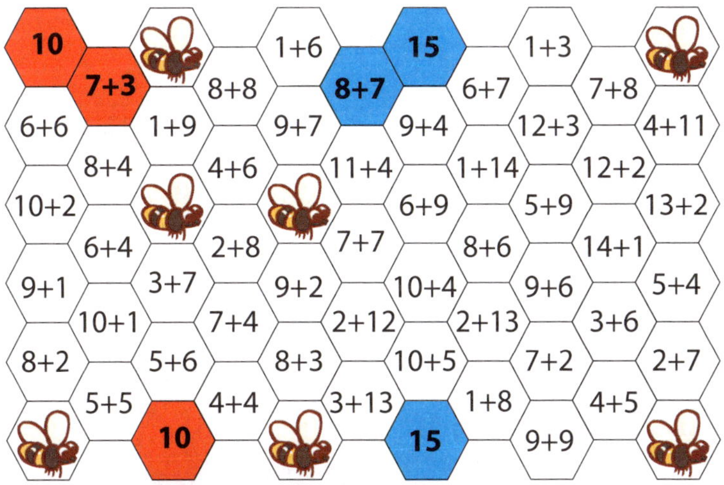

☐ ☐ ☐

BRAVO ! Tu as fini le chapitre 8.
Rendez-vous sur le site www.hatier-entrainement.com pour encore plus d'exercices et de conseils !

CONSEILS PARENTS
Quand votre enfant a terminé son travail, demandez-lui de vous expliquer ses réponses.

Lis attentivement chaque problème de cette page deux fois.

Corrigés p. 5

....

9 Les dizaines et les unités

JE COMPRENDS

28 carreaux — 2 paquets de 10 carreaux — 8 carreaux isolés

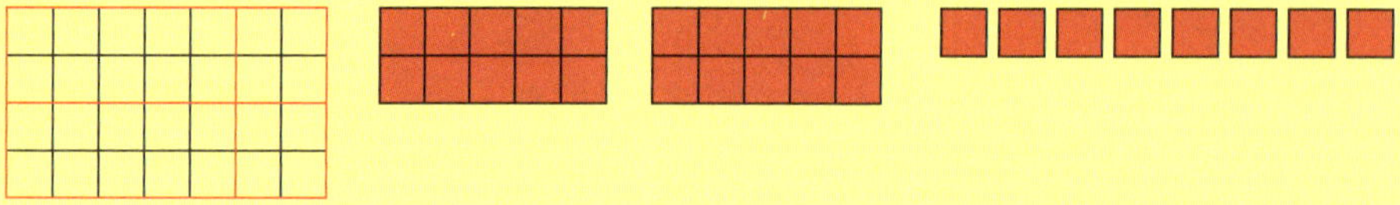

28, c'est 2 dizaines et 8 unités, c'est aussi 28 unités.

CONSEILS PARENTS
Il est essentiel que votre enfant comprenne que le 2 de 28 correspond à 2 dizaines donc à 20 unités.

1 Observe le quadrillage et réponds aux questions.

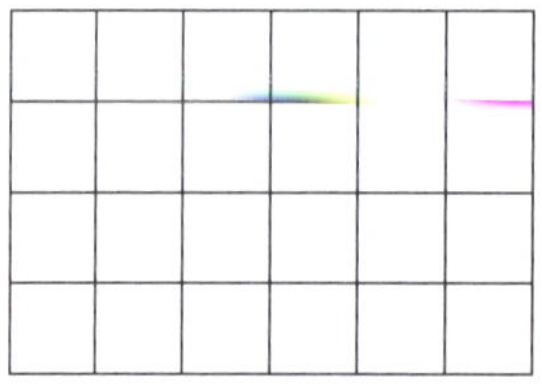

- Combien y a-t-il de carreaux ? .... carreaux
- Combien y a-t-il de paquets de 10 carreaux ? .... paquets
- Combien reste-t-il de carreaux isolés ? .... carreaux isolés

Pour t'aider, colorie les paquets de **10 carreaux** de couleurs différentes.

2 Observe le quadrillage et réponds aux questions.

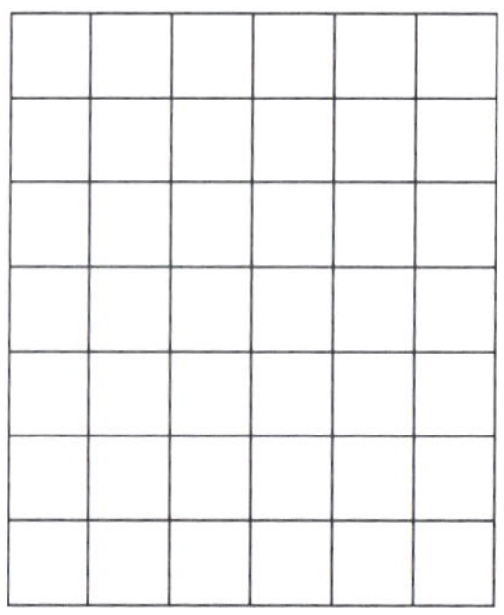

- Combien y a-t-il de carreaux ? .... carreaux
- Combien y a-t-il de paquets de 10 carreaux ? .... paquets
- Combien reste-t-il de carreaux isolés ? .... carreaux isolés

3 Réponds aux questions.

- Julien a dessiné un quadrillage de 25 carreaux.

Combien a-t-il dessiné de paquets de 10 carreaux ? ....

Combien a-t-il dessiné de carreaux isolés ? ....

- J'ai 3 paquets de 10 carreaux et 6 carreaux isolés.

Combien ai-je de carreaux ? ....

Corrigés p. 6

....

9 Décomposer les nombres

JE COMPRENDS

28 { c'est 10 + 10 + 8
c'est 20 + 8
c'est 2 dizaines et 8 unités

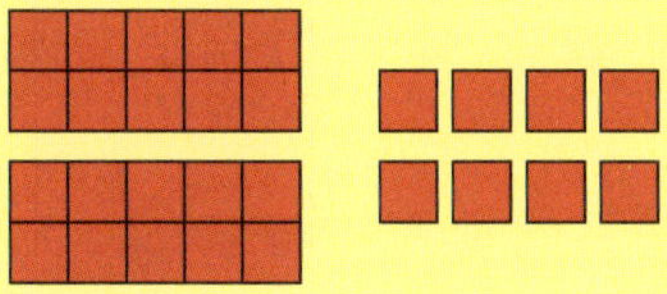

CONSEILS PARENTS
Ce travail prolonge ce qui a été fait à la page 40.

1 Complète le tableau.

10 + 10 + 3	23	20 + 3
10 + 10 + 10 + 5	35	....
....	29	....
....	....	30 + 2
10 + 10 + 10 + 10 + 3	....	....

2 Complète.
29 = 10 + 10 + 9

- 38 = 10 + ... + ... + 8
- 44 = 10 + ... + ... + 10 + ...
- 32 = 10 + 10 + ... + ...
- 21 = ... + ... + ...

3 Complète.
36 = 30 + 6

- 47 = ... + 7
- 63 = ... + 3
- 27 = ... + ...
- 14 = ... + 4
- 31 = 30 + ...
- 59 = ... + ...

4 Complète.
10 + 10 + 5 = 25

- 10 + 10 + 10 + 4 = ...
- 20 + 5 = ...
- 10 + 10 + 6 = ...
- 40 + 1 = ...
- 10 + 10 + 8 + 10 = ...
- 10 + 7 + 10 = ...

5 Le nombre secret.

- Je suis un nombre, j'ai 3 dizaines et 7 unités.

Qui suis-je ? ....

- Je suis un nombre, j'ai 6 unités et 5 dizaines.

Qui suis-je ? ....

Vérifie tes calculs quand tu as fini !

Corrigés p. 6

....

Reconnaître des formes usuelles

JE COMPRENDS

des triangles | des rectangles | des carrés

CONSEILS PARENTS

En CP, les enfants doivent avoir une perception globale de l'angle droit, car ils n'ont pas encore à utiliser l'équerre. Faites-leur différencier le rectangle et le carré : les carrés ont des côtés de même longueur.

★ **1** **Colorie en rouge les triangles.**
Colorie en bleu les carrés.
Colorie en vert les rectangles.
Dessine des rayures dans les ronds.

Avant de colorier, trace une croix de la couleur demandée dans chaque figure, puis vérifie ton travail et termine le coloriage.

★★ **2** **Observe ces trois formes. Retrouve les formes identiques dans l'exercice 1. Colorie-les en rose.**

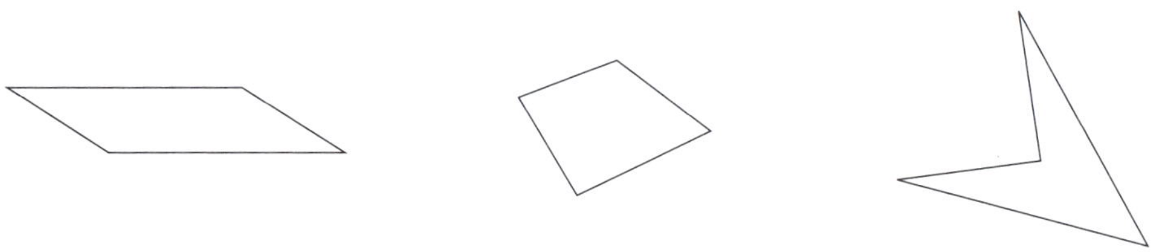

Corrigés p. 6

....

PROBLÈMES

9 Comparer et calculer

CONSEILS PARENTS
L'exercice 2 a plusieurs solutions.

★ **1** **Choisis trois jouets, entoure-les. Calcule ce que tu dois payer.**

....

☐☐☐

★★ **2** **Tu veux acheter deux jouets et tu as 20 €. Entoure ceux que tu choisis.**

☐☐☐

★★ **3** **Complète les « pattes » de la pieuvre pour obtenir chaque fois un total de 15.**

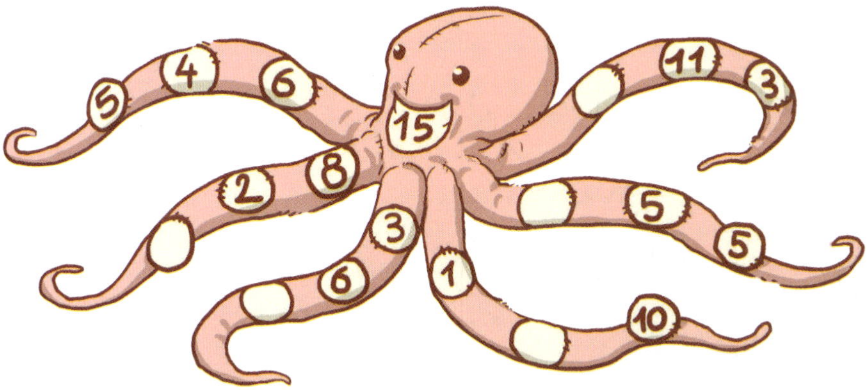

☐☐☐

★★★ **4** **Complète les tableaux.**

la moitié		le double
6	**12**	**24**
....	10	....
....	18	....

la moitié		le double
8	**16**	**32**
....	14	....
....	20	....

☐☐☐

Rappelle-toi que 16 = 8 + 8. 16 est le **double** de 8 ; 8 est donc la **moitié** de 16.

Corrigés p. 6

☐ .... ☐ .... ☐ ....

BRAVO ! Tu as fini le chapitre 9.
Rendez-vous sur le site www.hatier-entrainement.com pour encore plus d'exercices et de conseils !

NOMBRES

10 Dire et écrire le nom des nombres jusqu'à 69

JE COMPRENDS

10 dix
20 vingt
30 trente
40 quarante
50 cinquante
60 soixante

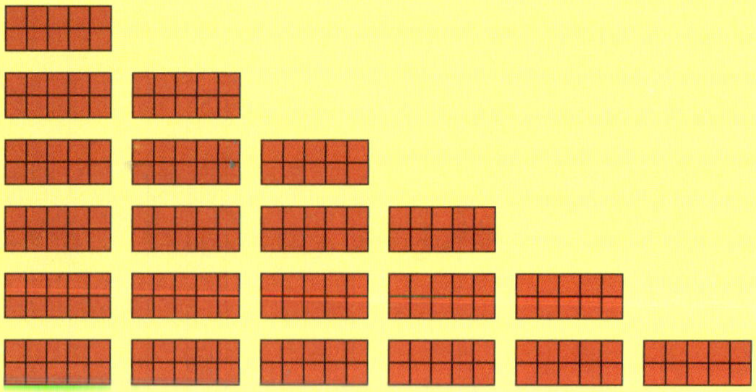

CONSEILS PARENTS
À partir de 17 (dix-sept) et jusqu'à 69 (soixante-neuf), le nom des nombres est constitué du nom de la dizaine et du nom des unités. Pour l'exercice 1, lisez à voix haute les nombres écrits en lettres.

★ **1** **Accroche les étiquettes aux ballons.**

★ **2** **Continue d'écrire dans ton cahier le nom des nombres.**

dix, quarante,
vingt, cinquante,
trente, soixante,

Applique-toi pour écrire le nom des nombres.

★★ **3** **Écris ces nombres en lettres.**

- 11 : ....
- 23 : ....
- 41 : ....
- 17 : ....
- 35 : ....
- 68 : ....

4 ★★ **Écris ces nombres en chiffre.**

- Dix-huit : ....
- Quarante-trois : ....
- Soixante-deux : ....
- Vingt-sept : ....
- Trente-neuf : ....
- Cinquante-cinq : ....

Corrigés p. 6

....

Plus d'exercices et de conseils sur www.hatier-entrainement.co

10 Mémoriser la table d'addition

1 + 1 = 2	2 + 1 = 3	3 + 1 = 4	4 + 1 = 5	5 + 1 = 6	6 + 1 = 7	7 + 1 = 8	8 + 1 = 9	9 + 1 = 10
1 + 2 = 3	2 + 2 = 4	3 + 2 = 5	4 + 2 = 6	5 + 2 = 7	6 + 2 = 8	7 + 2 = 9	8 + 2 = 10	9 + 2 = 11
1 + 3 = 4	2 + 3 = 5	3 + 3 = 6	4 + 3 = 7	5 + 3 = 8	6 + 3 = 9	7 + 3 = 10	8 + 3 = 11	9 + 3 = 12
1 + 4 = 5	2 + 4 = 6	3 + 4 = 7	4 + 4 = 8	5 + 4 = 9	6 + 4 = 10	7 + 4 = 11	8 + 4 = 12	9 + 4 = 13
1 + 5 = 6	2 + 5 = 7	3 + 5 = 8	4 + 5 = 9	5 + 5 = 10	6 + 5 = 11	7 + 5 = 12	8 + 5 = 13	9 + 5 = 14
1 + 6 = 7	2 + 6 = 8	3 + 6 = 9	4 + 6 = 10	5 + 6 = 11	6 + 6 = 12	7 + 6 = 13	8 + 6 = 14	9 + 6 = 15
1 + 7 = 8	2 + 7 = 9	3 + 7 = 10	4 + 7 = 11	5 + 7 = 12	6 + 7 = 13	7 + 7 = 14	8 + 7 = 15	9 + 7 = 16
1 + 8 = 9	2 + 8 = 10	3 + 8 = 11	4 + 8 = 12	5 + 8 = 13	6 + 8 = 14	7 + 8 = 15	8 + 8 = 16	9 + 8 = 17
1 + 9 = 10	2 + 9 = 11	3 + 9 = 12	4 + 9 = 13	5 + 9 = 14	6 + 9 = 15	7 + 9 = 16	8 + 9 = 17	9 + 9 = 18

CONSEILS PARENTS

Pour aider votre enfant à mémoriser les tables, il est important de l'entraîner :
– à connaître les doubles : 6 + 6 = 12
– à s'appuyer sur les doubles : 6 + 7 = 6 + 6 + 1
– à ajouter 9 : 6 + 9 = 6 + 10 – 1
– à modifier l'ordre des termes : 6 + 8 = 8 + 6

1 Complète.

- 9 + 2 = ...
- 3 + 8 = ...
- 5 + 6 = ...
- 8 + 8 = ...
- 6 + 9 = ...
- 9 + 4 = ...

2 Complète.

- 6 + ... = 10
- ...... + 7 = 10
- 9 + ... = 10
- 3 + ... = 10
- ...... + 5 = 10
- 4 + ... = 10

N'oublie pas : quand on ajoute deux nombres, **l'ordre** des nombres n'a pas d'importance.

3 Complète.

- 2 + ... = 10
- ...... + 8 = 15
- 6 + ... = 11
- 5 + ... = 7
- ...... + 6 = 12
- 3 + ... = 9

4 Complète.

- 13 + 7 = ...
- 11 + 8 = ...
- 12 + 7 = ...
- 15 + 2 = ...
- 13 + 5 = ...
- 14 + 6 = ...

5 Complète.

- 17 + 7 = ...
- 13 + 8 = ...
- 14 + 8 = ...
- 18 + 4 = ...
- 11 + 9 = ...
- 16 + 5 = ...

Corrigés p. 6

....

Reproduire à l'aide de la règle

★ 1 Reproduis la flèche avec une règle en t'aidant des points.

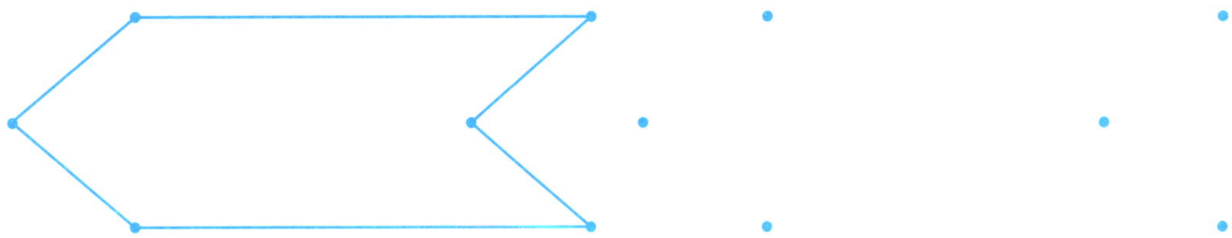

CONSEILS PARENTS

Votre enfant poursuit ici le travail de la page 30.

Repère un segment sur le modèle, puis les deux points qui lui correspondent sur le dessin à compléter. Positionne ta règle le long des points et trace le segment entre les deux points.

★ 2 Reproduis la fusée avec une règle en t'aidant des points.

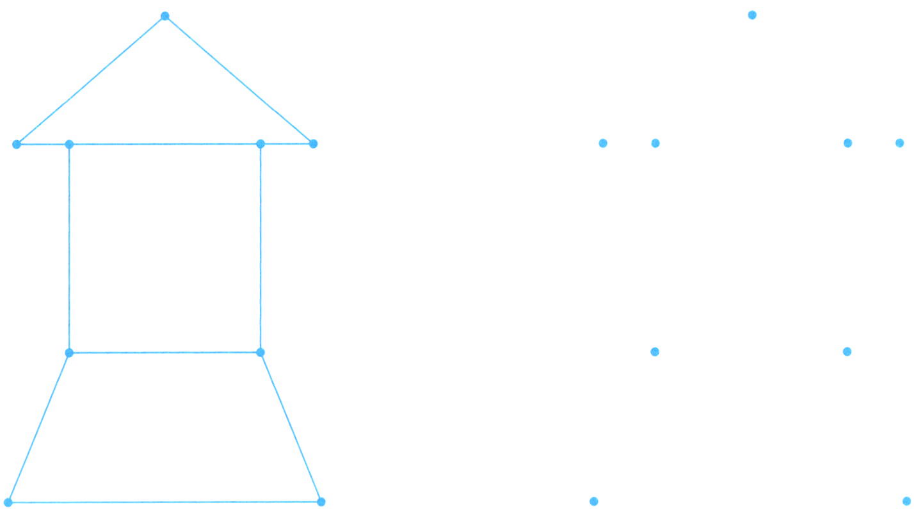

★★ 3 Reproduis la maison avec une règle en t'aidant des points.

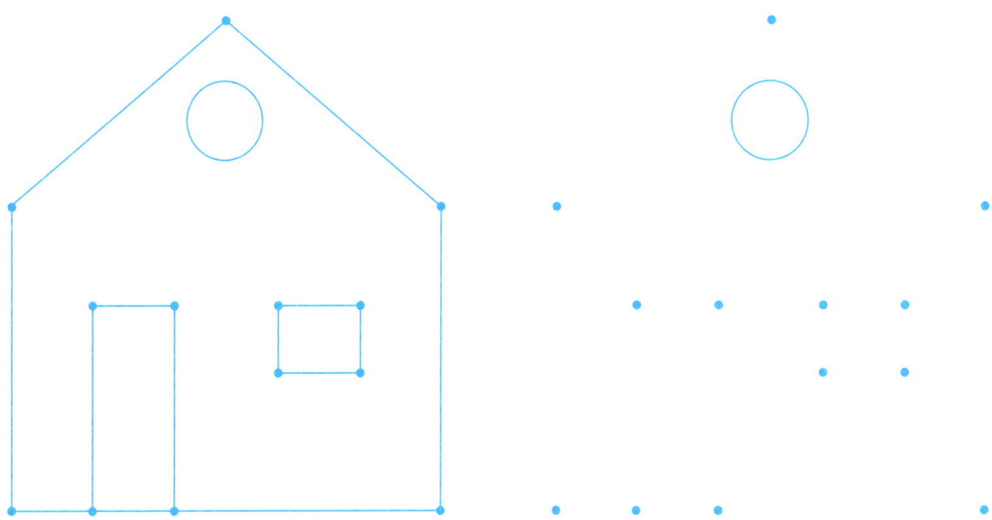

Corrigés p. 6

....

Plus d'exercices et de conseils sur www.hatier-entrainement.co

Comprendre l'énoncé pour répondre aux questions (1)

1 Relie les messages aux figures.

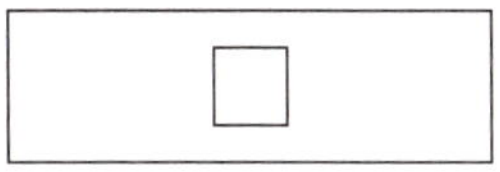

« Je suis un carré avec un rectangle à l'intérieur. »

« Je suis un rectangle avec un carré à l'intérieur. »

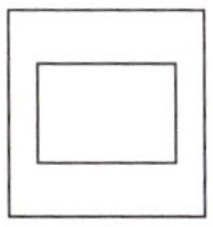

« Je suis un rond avec un triangle à l'intérieur. »

CONSEILS PARENTS
Dans l'exercice 2, demandez à votre enfant de repérer les cheminées, les balcons, les fenêtres rondes, les boîtes aux lettres. Faites-lui bien lire les 3 informations données.

2 Chaque maison a une porte de couleur différente, bleu, vert, rouge et jaune. Colorie les portes selon les indications données.

- La maison qui a une cheminée a une porte bleue.
- La maison qui a un balcon et une fenêtre ronde a une porte rouge.
- La maison qui n'a pas de boîte aux lettres a une porte verte.

Mets des croix de couleur sur les portes puis vérifie en relisant les 3 informations données par l'énoncé et finis ton coloriage.

Corrigés p. 6-7

....

BRAVO ! Tu as fini le chapitre 10.
Rendez-vous sur le site www.hatier-entrainement.com
pour encore plus d'exercices et de conseils !

NOMBRES

11 Utiliser la numération pour résoudre des problèmes

CONSEILS PARENTS
Votre enfant met en œuvre ce qu'il a compris de la valeur des chiffres suivant leur position dans un nombre.

★ 1 Réponds aux questions.

© La Poste

• Dans un carnet de timbres, il y a 10 timbres.

Victor a 3 carnets de timbres.

Combien de timbres Victor a-t-il ? ....

....

• Marie a 2 carnets de timbres et 7 timbres.

Combien de timbres Marie a-t-elle ? ....

....

• Pour annoncer la fête de l'école, le maître doit envoyer 56 lettres.

Combien de carnets de 10 timbres lui faut-il ? ....

....

☐ ☐ ☐

★★ 2 Parmi ces nombres, quel est le nombre secret ?

35	57	35	53	25

Il a 5 dizaines et 3 unités.

Le nombre secret est : ☐

28	63	38	36	53

Il a 3 dizaines et 6 unités.

Le nombre secret est : ☐

43	56	63	25	45

Il est plus grand que 43 et plus petit que 56.

Le nombre secret est : ☐

47	26	57	65	35

Il est plus petit que 47 et plus grand que 26.

Le nombre secret est : ☐

☐ ☐ ☐

Corrigés p. 7

....

CALCUL

11 Décomposer un nombre pour calculer une somme

JE COMPRENDS

32 + 25
32 + 20 + 5
52 + 5
57

ou

32 + 25 = 32 + 20 + 5

32 + 25 = 52 + 5

32 + 25 = 57

Décomposer, c'est réécrire un nombre en séparant les dizaines et les unités. Cela te permet de **calculer plus facilement**.

CONSEILS PARENTS

Votre enfant apprend à faire du calcul intelligent : il utilise les propriétés des nombres pour calculer des sommes.

1 Décompose pour calculer.

54 + 18
54 + 10 + 8
64 + 8
72

- 42 + 26
  42 + ... + ...
  .... + ...
  ....

- 36 + 19
  36 + ... + ...
  .... + ...
  ....

☐ ☐ ☐

2 Décompose pour calculer.

36 + 24 = 36 + 20 + 4

36 + 24 = 56 + 4

36 + 24 = 60

- 27 + 38 = ... + ... + ...
  27 + 38 = ... + ...
  27 + 38 = ...

- 45 + 36 = ... + ... + ...
  45 + 36 = ... + ...
  45 + 36 = ...

- 39 + 27 = ... + ... + ...
  39 + 27 = ... + ...
  39 + 27 = ...

☐ ☐ ☐

Pense à toujours vérifier tes calculs !

3 Réponds aux questions.

- Victor achète une veste à 28 € et un pantalon à 17 €.

Combien Victor dépense-t-il ? ....

Écris le calcul : ....

- Jeanne achète des chaussures à 35 € et un manteau à 48 €.

Combien Jeanne dépense-t-elle ? ....

Écris le calcul : ....

☐ ☐ ☐

Corrigés p. 7

....

MESURE

11 Mesurer avec une règle graduée

JE COMPRENDS

Pour mesurer avec une règle graduée, il faut bien placer le repère 0.

Le bâton mesure 5 centimètres.

CONSEILS PARENTS

Veillez à ce que votre enfant place bien le 0 de la règle à une extrémité du segment pour le mesurer.

★ 1 **Chaque enfant a coupé un bâton à sa taille.**

- Mesure les bâtons à l'aide de ta règle graduée.

N'hésite pas à tourner ton cahier pour placer plus facilement ta règle contre le segment à mesurer.

- Écris les prénoms des enfants du plus petit au plus grand.

....

....

★★ 2 **Entoure les bâtons qui ont la même longueur que le bâton encadré.**

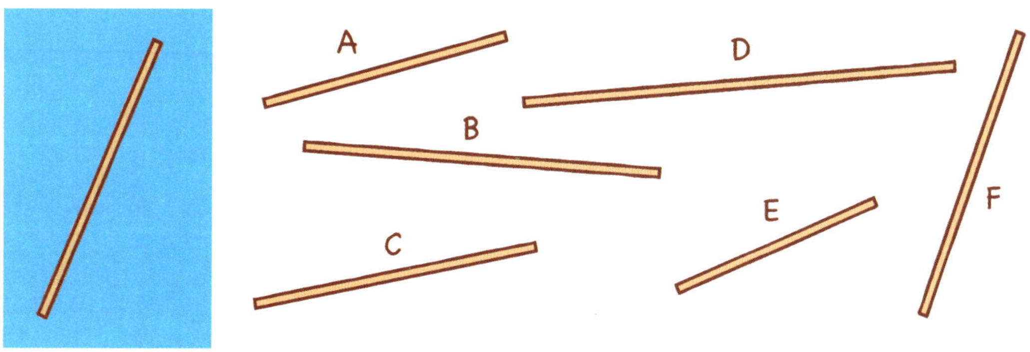

Corrigés p. 7

....

Plus d'exercices et de conseils sur www.hatier-entrainement.co

PROBLÈMES

11 Résoudre des problèmes en calculant (2)

1 Dans l'autobus, il y a 10 personnes. 7 personnes montent.

Combien de personnes y a-t-il maintenant ? ....

Écris le calcul : ....

2 Dans l'autobus, il y a 19 personnes. 9 personnes descendent.

Combien de personnes y a-t-il maintenant ? ....

Écris le calcul : ....

3 À la récréation, Victor gagne 15 billes, Pierre gagne 3 billes de plus que Victor.

Combien de billes Pierre a-t-il gagnées ? ....

Écris le calcul : ....

4 À la récréation, Luc gagne 17 billes, Thomas gagne 5 billes de moins que Luc.

Combien de billes Thomas a-t-il gagnées ? ....

Écris le calcul : ....

5 Ahmed a 10 voitures bleues et 10 voitures rouges.

Combien de voitures Ahmed a-t-il ? ....

Écris le calcul : ....

6 Jeanne a collé 16 timbres sur deux pages de son album.

Sur une page, il y a 6 timbres.

Combien de timbres y a-t-il sur l'autre page ? ....

Écris le calcul : ....

7 Marie a collé 28 timbres sur trois pages de son album.

Sur la première page, il y a 10 timbres. Sur la deuxième page, il y a 10 timbres.

Combien de timbres y a-t-il sur la troisième page ? ....

Écris le calcul : ....

CONSEILS PARENTS

Pour les problèmes 1 et 2, posez à votre enfant des questions du type : combien y a-t-il de personnes dans l'autobus au départ ? Combien de personnes montent dans l'autobus ? Que dois-tu chercher ? Puis laissez-le chercher tout seul.

Lis attentivement chaque problème, réponds à la question posée puis vérifie ton calcul. Si cela peut t'aider, n'hésite pas à dessiner les objets.

Corrigés p. 7

BRAVO ! Tu as fini le chapitre 11.
Rendez-vous sur le site www.hatier-entrainement.com pour encore plus d'exercices et de conseils !

NOMBRES

12 La suite des nombres de 1 à 99

CONSEILS PARENTS

Pour avancer de 10 en 10, votre enfant commence par compter les cases une à une puis comprend qu'il peut compter en s'appuyant sur les dizaines.

1	2	3	4	5	6	7	8	9	10	11	12	13	14	15	16	17	18
																	19
37	36	35	34	33	32	31	30	29	28	27	26	25	24	23	22	21	20
38																	
39	40	41	42	43	44	45	46	47	48	49	50	51	52	53	54	55	56
																	57
75	74	73	72	71	70	69	68	67	66	65	64	63	62	61	60	59	58
76																	
77	78	79	80	81	82	83	84	85	86	87	88	89	90	91	92	93	94
																	95
														99	98	97	96

1 ☆ **Sur la suite des nombres ci-dessus, continue de colorier en rouge les cases de 10 en 10. Écris les nombres que tu viens de colorier.**

50 cinquante
60 soixante
- ....
- ....
- ....

□ □ □

2 ☆☆ **Sur la suite des nombres ci-dessus, continue de colorier en bleu les cases de 10 en 10. Écris les nombres que tu viens de colorier.**

57 cinquante-sept
67 soixante-sept
- ....
- ....
- ....

□ □ □

3 ☆☆☆ **Nous sommes des nombres de la suite.**

- On peut m'écrire 50 + 4. Qui suis-je ? ....
- On peut m'écrire 10 + 10 + 10 + 10 + 7. Qui suis-je ? ....
- On peut m'écrire 9 + 60. Qui suis-je ? ....
- On peut m'écrire 20 + 20 + 20 + 3. Qui suis-je ? ....

□ □ □

Corrigés p. 7

....

Plus d'exercices et de conseils sur www.hatier-entrainement.co

CALCUL

12 Décomposer un nombre pour calculer une différence

JE COMPRENDS

Voici une méthode pour calculer 37 – 14.

14 = 10 + 4
37 – 10 = 27
27 – 4 = 23

37 – 14 = 23

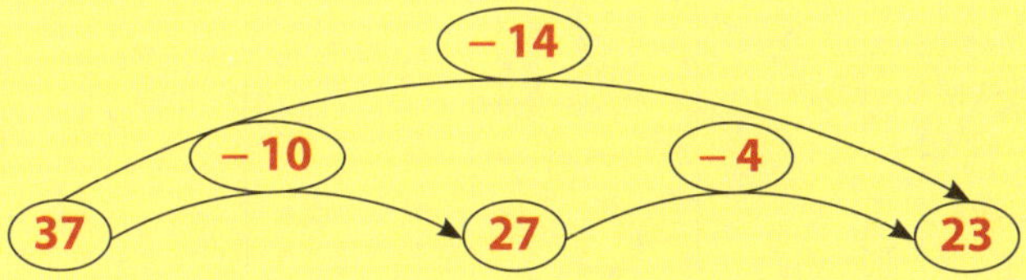

CONSEILS PARENTS

Votre enfant apprend à faire du calcul intelligent : il utilise les propriétés des nombres pour calculer des différences.

Pense à toujours vérifier tes calculs !

1 Calcule.

- 28 – 12 = ...
- 35 – 11 = ...
- 45 – 13 = ...
- 43 – 13 = ...
- 23 – 14 = ...
- 31 – 12 = ...
- 54 – 20 = ...
- 36 – 22 = ...
- 47 – 30 = ...

2 Calcule.

- 36 + 12 = ...
- 27 + 13 = ...
- 34 + 14 = ...
- 36 – 12 = ...
- 27 – 13 = ...
- 34 – 14 = ...

3 Calcule.

- 25 + 15 = ...
- 46 + 16 = ...
- 38 + 17 = ...
- 25 – 15 = ...
- 46 – 16 = ...
- 38 – 17 = ...

4 Calcule.

- 200 – 54 = ...
- 47 – 30 = ...
- 39 – 10 = ...

5 Calcule.

- 67 – 5 = ...
- 22 – 6 = ...
- 47 – 7 = ...

6 Réponds aux questions.

- Pour acheter des baskets, Pierre donne 4 billets de 10 €.

La vendeuse lui rend 1 billet de 5 €. Quel est le prix des baskets ? ....

Écris le calcul : ....

- Dans la classe de Théo, il y a 27 élèves. 12 élèves sont des garçons.

Combien de filles y a-t-il ? .... Écris le calcul : ....

- Léa a 53 timbres. Emma a 21 timbres de moins que Léa.

Combien de timbres Emma a-t-elle ? .... Écris le calcul : ....

Corrigés p. 7

....

Plus d'exercices et de conseils sur www.hatier-entrainement.com

MESURE

12 Repérer des moments de la journée

★★ 1 Complète les pendules.

Il est 8 h.

Il est 10 h 30.

Il est 11 h 30.

Il est midi.

Il est 13 h 30.

Il est 14 h.

Il est 16 h 30.

Il est 21 h.

□ □ □

★★ 2 Combien d'heures y a-t-il dans un jour ?

Colorie la bonne réponse :

12 heures	24 heures	48 heures

□ □ □

CONSEILS PARENTS

Faites lire l'heure à votre enfant sur une horloge à aiguille : l'heure à laquelle il part à l'école, l'heure du dîner, l'heure de se coucher, etc.

Note bien que **14 h** peut aussi se dire **2 h de l'après-midi**.

Corrigés p. 7

....

PROBLÈMES

12 Résoudre des problèmes en calculant (3)

CONSEILS PARENTS
Dans ces problèmes, les nombres sont plus grands, votre enfant ne peut plus dessiner les objets : il est obligé de calculer.

★ **1** Éric a 5 billets de 10 €, 3 pièces de 2 €.

Combien a-t-il ? ....

Écris le calcul : ....

□ □ □

★ **2** Paul a 80 € avec uniquement des billets de 10 €.

Combien de billets a-t-il ? ....

Écris le calcul : ....

□ □ □

★ **3** Pour acheter des chaussures, Cécile donne 4 billets de 10 € et 1 billet de 5 €.

Combien paie-t-elle ? ....

Écris le calcul : ....

□ □ □

★★ **4** Dans l'autobus, il y a 25 personnes. Au premier arrêt, 10 personnes descendent et 7 personnes montent. Combien de personnes y a-t-il après le premier arrêt ?

....

Écris le calcul : ....

□ □ □

★★ **5** Emma a 42 images. Léa lui donne 13 images.

Combien d'images Emma a-t-elle maintenant ? ....

Écris le calcul : ....

□ □ □

★★ **6** Inès a 56 timbres. Elle donne 10 timbres à Théo.

Combien de timbres a-t-elle maintenant ? ....

Écris le calcul : ....

□ □ □

★★ **7** Range ces nombres du plus petit au plus grand.

34 63 82 17 36 55 28 43

....

□ □ □

★★★ **8** Parmi ces nombres, entoure ceux qui sont entre 40 et 60.

53 91 47 32 27 71 14 66

□ □ □

Lis attentivement chaque problème 2 fois. Réponds à la question posée puis vérifie ton calcul.

Corrigés p. 7-8

□ .... □ .... □ ....

BRAVO ! Tu as fini le chapitre 12.
Rendez-vous sur le site www.hatier-entrainement.com
pour encore plus d'exercices et de conseils !

NOMBRES

13 Les nombres de 0 à 99

	1	2	3	4	5	6	7	8	9
10			13	14					19
20						26			
					35				
50									
60		62	63	64				68	69
90									

CONSEILS PARENTS

La suite des nombres est un support pour compter ou calculer. Dans ce cas, le premier nombre est 1. Ici, nous étudions de manière plus formelle la façon dont les nombres s'écrivent, il est donc justifié qu'au croisement de la première ligne et de la première colonne, on place 0.

★ 1 **Quel nombre peux-tu écrire dans la case verte ?**

★ 2 **Continue d'écrire les nombres qui sont dans la même colonne que 10.**

10 ....

C'est la suite des nombres que tu as déjà rencontrée sous la forme d'une suite de cases.

★ 3 **Écris tous les nombres qui sont sur la même ligne que 90.**

90 ....

★★ 4 **Écris les nombres dans les cases bleues.**

★★ 5 **Pars de 7, avance de 10 en 10 et écris les nombres dans les cases où tu t'arrêtes.**

7 ....

★★ 6 **Pars de 98, recule de 10 en 10 et écris les nombres dans les cases où tu t'arrêtes.**

98 ....

★★ 7 **Entoure le plus grand nombre et complète avec les signes > et <.**

(62) > 47 59 < (71)

29 ...... 43 8 ...... 88 70 ...... 69 81 ...... 85 87 ...... 78 36 66

Corrigés p. 8

....

CALCUL

13 Calculer des additions en colonne

JE COMPRENDS

Pour additionner en colonne :

① Je pose l'addition.

	d	u
	3	8
+	2	6

les unités sous les unités, les dizaines sous les dizaines

② J'additionne les unités.

	d	u
Retenue →	①	
	3	8
+	2	6
		4

8 unités plus 6 unités, c'est 14 unités. C'est aussi 1 dizaine plus 4 unités.

③ J'additionne les dizaines.

	d	u
	①	
	3	8
+	2	6
	6	4

1 dizaine plus 3 dizaines plus 2 dizaines, c'est 6 dizaines.

CONSEILS PARENTS

Votre enfant doit comprendre les différentes étapes de la technique de l'addition. En particulier que la retenue 1 est une dizaine que l'on ajoute avec les autres dizaines.

Vérifie ton résultat en faisant une **addition** comme à la page 49.

★ 1 Calcule les additions en colonne.

d u	d u	d u	d u
① 1 9	3 1	1 8	3 8
+ 2 3	+ 2 5	+ 2 1	+ 1 2
4 2	....	....	....

☐ ☐ ☐

★★ 2 Calcule les additions en colonne.

① 3 7	2 6	4 5	6 7
+ 3 5	+ 5 3	+ 3 3	+ 1 6
7 2	....	....	....

☐ ☐ ☐

★★★ 3 Calcule les additions en colonne.

① 4 2	3 6	5 3	2 8
+ 2 4	+ 1 8	+ 1 7	+ 3 5
+ 1 6	+ 4 5	+ 2 6	+ 1 5
8 2	....	....	....

☐ ☐ ☐

Corrigés p. 8

....

Plus d'exercices et de conseils sur www.hatier-entrainement.com

GÉOMÉTRIE

13 Repérer les étapes pour tracer un dessin

★ 1 Numérote les images dans l'ordre de construction du dessin.

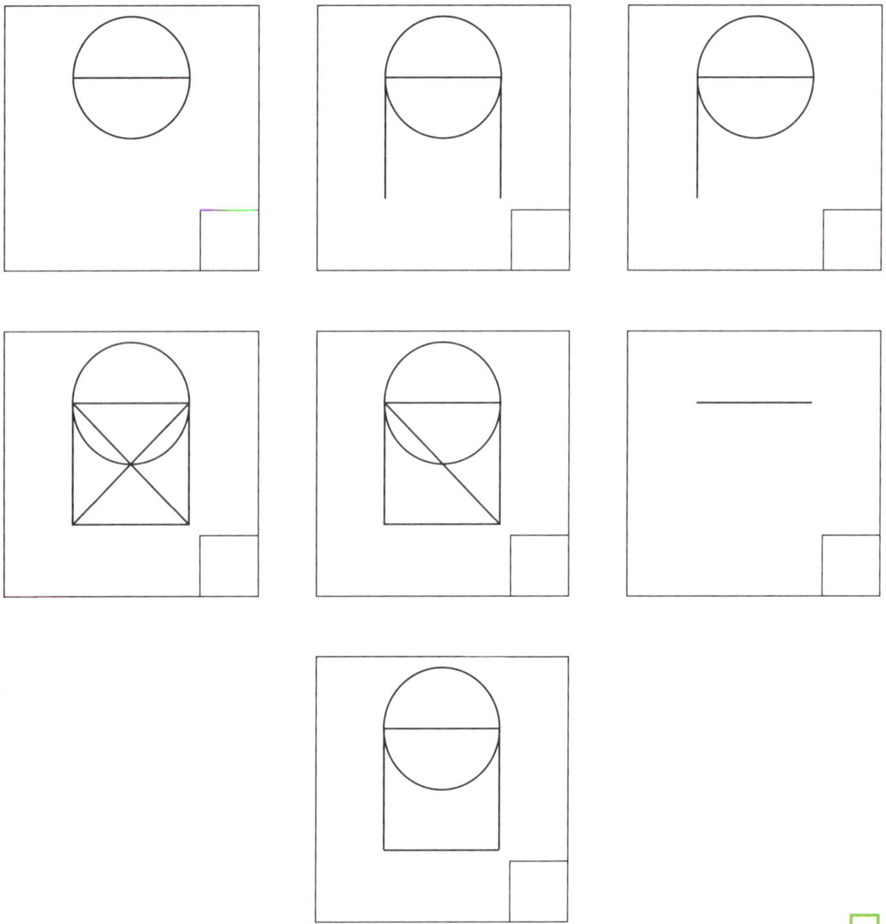

★★ 2 Complète chaque dessin pour qu'il soit identique au dessin coloré.

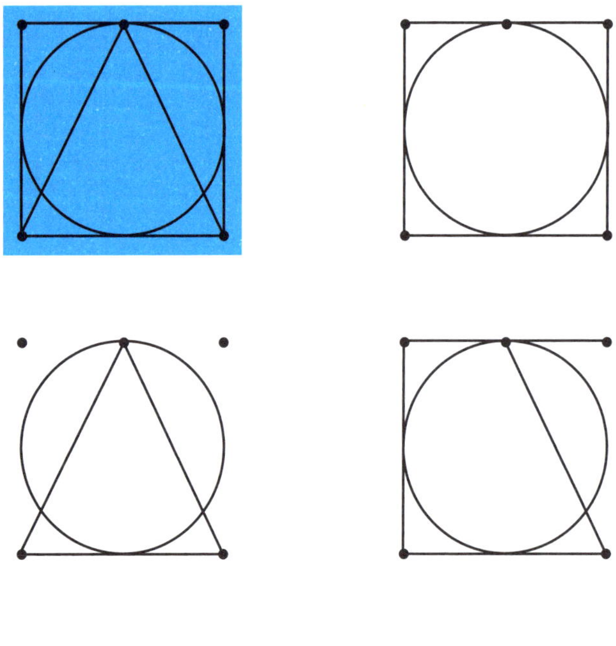

CONSEILS PARENTS

Faites décrire les objets géométriques à votre enfant : carré, rond, triangle...

Après avoir numéroté les images, vérifie que l'ordre que tu as trouvé convient.

Corrigés p. 8

....

PROBLÈMES

13 Comprendre l'énoncé pour répondre aux questions (2)

CONSEILS PARENTS
Votre enfant rencontre de nouveaux énoncés qu'il doit traduire par des calculs qu'il connaît : l'addition et la soustraction.

1 Victor a fait 3 tours de manège.

Combien dépense-t-il ? ....

Écris le calcul : ....

2 Jeanne a fait 4 tours de manège.

Combien dépense-t-elle ? ....

Écris le calcul : ....

3 Pierre a fait 5 tours de manège.

Combien dépense-t-il ? ....

Écris le calcul : ....

4 La maman de Luc, Paul, Marie, Éric, Florence et Julie offre à chacun un tour de manège. Combien dépense-t-elle ? ....

Écris le calcul : ....

5 Ahmed et Leïla font chacun 3 tours de manège.

Combien dépensent-ils ensemble ? ....

Écris le calcul : ....

6 Avec 11 €, combien de tours de manège peux-tu faire ?

....

Écris le calcul : ....

7 Carine a 11 €. Elle fait 3 tours de manège et achète une glace à 1 €.

Combien lui reste-t-il ? ....

Écris le calcul : ....

Quand tu as résolu chaque problème de la page, écris ta réponse et ton calcul.

Corrigés p. 8

BRAVO ! Tu as fini le chapitre 13.
Rendez-vous sur le site www.hatier-entrainement.com pour encore plus d'exercices et de conseils !

NOMBRES

14 Jouer avec les nombres

★ 1 Complète les tableaux.

- Écris le nombre qui vient juste après.

17	26	28	50	43	69	99
18						

- Écris le nombre qui vient juste avant.

34						
35	23	40	52	69	77	100

★★ 2 Place les nombres 65, 85, 51, 93, 72, 89, 68 et 58 dans les cases qui conviennent.

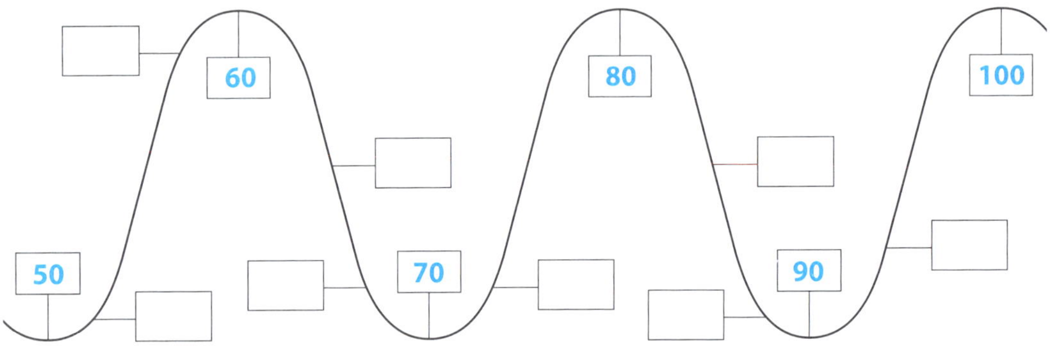

★★ 3 Complète.

35 → 45 → 46 → 47 → 57 → 67 → 68 → 78 → 88

+ 10 ; + 1 ; …….. ; …….. ; …….. ; …….. ; …….. ; ……..

★★★ 4 Colorie selon les indications.

- Colorie en bleu les cases où la somme est comprise entre 35 et 52.
- Colorie en rouge les cases où la somme est comprise entre 52 et 83.

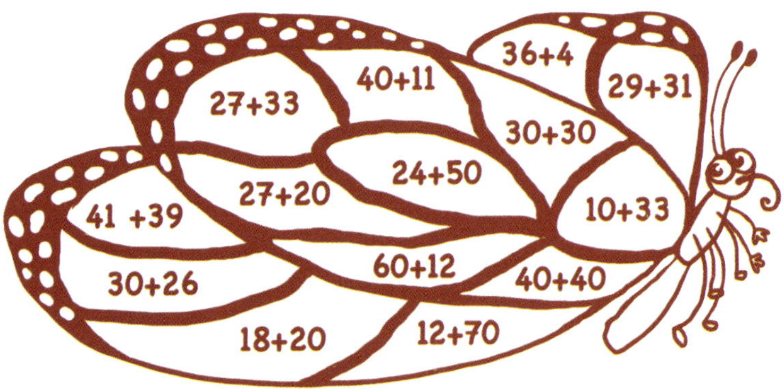

CONSEILS PARENTS

Dans l'exercice 2, votre enfant se familiarise avec une nouvelle représentation de la suite des nombres : ils sont accrochés à une ligne, seul l'ordre des nombres est alors pris en compte.

Tu peux placer les nombres dans les cases vides d'un côté ou de l'autre de la ligne. L'important c'est qu'ils soient **dans l'ordre**, du plus petit au plus grand.

Corrigés p. 8

....

Plus d'exercices et de conseils sur **www.hatier-entrainement.com**

14 Utiliser la calculatrice

JE COMPRENDS

Pour calculer 37 + 29 avec une calculatrice :

tape 3 — tape 7 — tape + — tape 2 — tape 9 — tape =

CONSEILS PARENTS

Toutes les calculatrices ne fonctionnent pas de la même manière. Regardez en détail comment fonctionne celle de votre enfant.

1 **Utilise ta calculatrice pour calculer la somme des nombres du chemin bleu clair, puis la somme des nombres du chemin vert.**

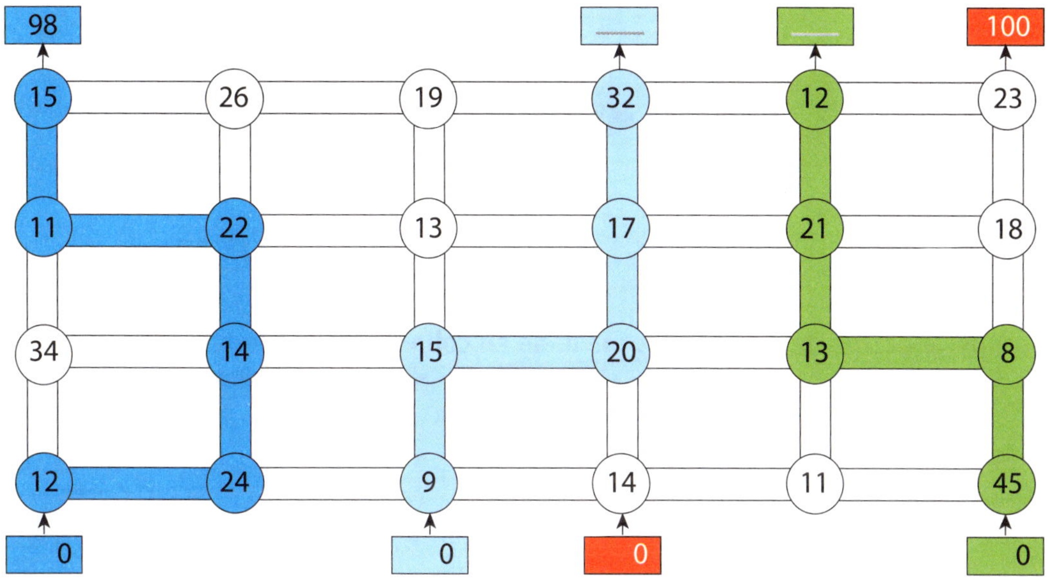

Note sur ton cahier de brouillon les **différentes étapes** de ton calcul.

2 **Trouve et trace le chemin qui relie les deux calculatrices rouges ci-dessus pour que la somme des nombres soit 100.**

3 **Sans faire de calcul, entoure le nombre le plus proche.**

• 25 + 34 + 28	50 70 80	• 18 + 31 + 23	60 70 90

• **Avec ta calculatrice, recherche les résultats exacts :**

25 + 34 + 28 = ...

18 + 31 + 23 = ...

Corrigés p. 8

....

GÉOMÉTRIE

14 Le cube

JE COMPRENDS

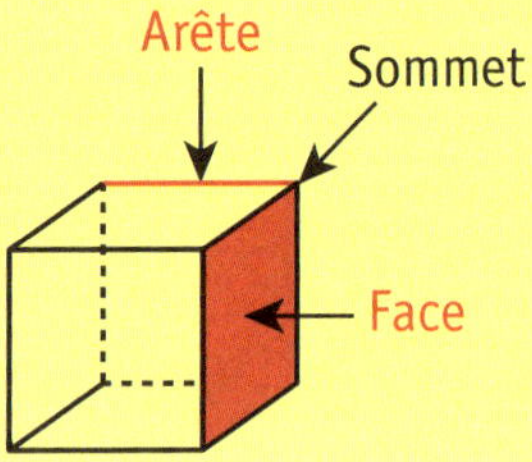

Un cube a 6 **faces** qui sont des carrés, 8 **sommets** et 12 **arêtes**.

CONSEILS PARENTS

Pour l'exercice 2, reproduisez ou faites reproduire à votre enfant le patron du cube sur du carton léger pour effectuer la construction.

★ 1 Parmi ces objets, entoure les cubes.

★★ 2 Décalque et découpe ce patron de cube. Construis le dé en collant les languettes. Place les points comme sur un dé : la somme des points inscrits sur les faces opposées est 7.

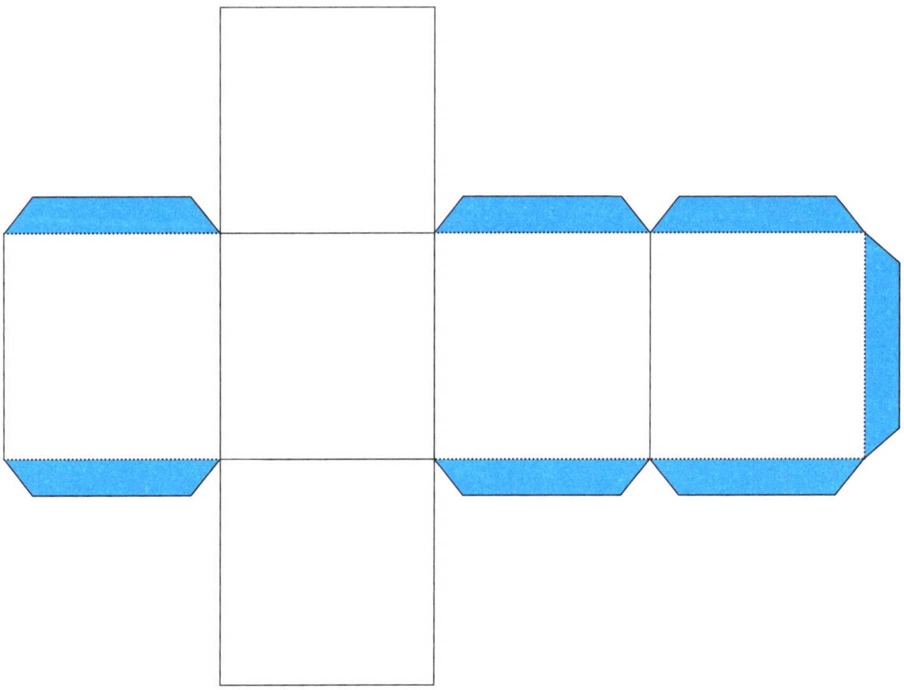

Applique-toi dans le découpage et le montage de ton dé. Observe les faces du dé : la somme des points sur les faces opposées est 7.

Corrigés p. 8

....

PROBLÈMES

14 Résoudre des problèmes en calculant (4)

1 J'ai 36 billes. Victor me donne 14 billes.

Combien de billes ai-je maintenant ? ....

Écris le calcul : ....

2 Ahmed a 25 billes. Il donne 5 billes à Marie.

Combien de billes Ahmed a-t-il maintenant ? ....

Écris le calcul : ....

3 Jeanne a 23 €. Luc lui donne 7 €. Marie lui donne 2 €.

Combien d'euros Jeanne a-t-elle maintenant ? ....

Écris le calcul : ....

4 Dans l'autobus, il y a 34 personnes. Au premier arrêt, 12 personnes montent et 5 personnes descendent.

Combien de personnes y a-t-il après le premier arrêt ? ....

Écris le calcul : ....

5 C'est lundi 10 mai. Peux-tu dire quelle est la date de lundi prochain ?

....

Écris le calcul : ....

6 Jeanne achète 4 kg de cerises à 3 € le kilo.

Combien dépense-t-elle ? ....

Écris le calcul : ....

7 Marie a 7 ans. Carine a 12 ans de plus que Marie.

Quel est l'âge de Carine ? ....

....

Écris le calcul : ....

....

CONSEILS PARENTS
Des énoncés identiques ont déjà été rencontrés. Les nombres sont plus grands, donc les calculs sont plus difficiles. Laissez votre enfant aller au bout de sa démarche avant d'intervenir.

Pour chaque problème de cette page, vérifie tes calculs avec la calculatrice. N'oublie pas de rédiger ta réponse et d'écrire ton calcul.

Corrigés p. 8

....

BRAVO ! Tu as fini le chapitre 14.
Rendez-vous sur le site www.hatier-entrainement.com pour encore plus d'exercices et de conseils !

Coloriage

Colorie les cases où tu vois un nombre égal à :

- 9 en jaune ;
- 10 en rouge ;
- 11 en orange ;
- 12 en vert foncé ;
- 13 en marron.